佛教

赵朴初
著

中国大百科全书出版社

目录

敦煌莫高窟第 231 窟西壁龛内西披（局部），旃檀木像礼迎释迦佛部分。（宋利良／摄影）

敦煌莫高窟第61窟窟顶（局部），
团龙鹦鹉团花纹藻井部分。
（张伟文／摄影）

壹

历史

佛教是与基督教、伊斯兰教并列的世界三大宗教之一。公元前6世纪至前5世纪，释迦牟尼创建于古印度。以后广泛传播于亚洲很多国家和地区，对许多国家的社会政治和文化生活产生过重大影响。

起源

佛教创建时，印度已经进入了封建领主统治的农奴社会。当时印度传统的吠陀天启、祭祀万能和婆罗门至上三种信仰，以及婆罗门作为一切知识的垄断者和神权统治的代表的地位开始动摇，成为众矢之的。自由思想家中出现了种种反传统信仰的沙门思潮。

佛教属于沙门思潮之一。佛教创始人释迦牟尼生于今尼泊尔境内的迦毗罗卫，是释迦族的一个王子。关于他的生卒年月，在南传、北传佛教中，至今仍有种种不同的说法，但一般认为生活于公元前 6 ～前 5 世纪。他在青少年时即感到人世变幻无常，深思解脱人生苦难之道；29 岁出家修行；得道成佛（佛陀，意译觉者）后，在印度恒河流域中部地区向大众宣传自己证悟的真理，拥有越来越多的信徒，从而组织教团，形成佛教；80 岁时在拘尸那迦逝世。

敦煌莫高窟第 360 窟北壁（局部），药师经变部分。

梵天

佛教中总称色界的初禅天。包括大梵天，即初禅天之主；梵辅天，即辅佐大梵天的辅弼臣；梵众天，即一般的梵天，指大梵天所统御的天众。通常称为梵天者，多指大梵天王。此外，又称梵王，别名尸弃、世主，与帝释天同为佛教的护法神。

吠陀

古印度婆罗门教根本圣典的总称。原义为知识，是与祭祀仪式有密切关联的宗教文献。原有三种，即《梨俱吠陀》《娑摩吠陀》《夜柔吠陀》。此三者称为三明、三吠陀、三韦陀论、三部旧典；加上《阿闼婆吠陀》，即成四吠陀。吠陀为天启文学，相传是太古诸大仙依神的启示诵出，由毗耶娑仙人整理编成。“吠陀”本身意味着“天启之神智”，是神圣的知识，所以与梵书同称为天启，以此区别于经书等由人类知识、智慧所做的传承。

天启

印度婆罗门教用语。原意为“听”，引申为“神的启示”。

克孜尔石窟 38 窟后壁（局部）

婆罗门

印度四姓中最上位的僧侣、学者阶级。是古印度一切知识的垄断者，并掌握着宗教权力。据传，婆罗门由梵天之口出生，颜貌端正，清净高洁，以习吠陀、司祭祀为业。在印度的阶级制度中，除了四姓中的最下层首陀罗之外，其余三姓（婆罗门、刹帝利、吠舍）都能诵读吠陀，并为自己行祭祀供牺，但只有婆罗门可以教授他人吠陀，为他人行祭祀，接受布施。在近代，他们的地位已受到挑战。目前婆罗门种姓中除了一部分人担任祭司外，其余从事文教事业或经商等。

沙门思潮

公元前 6 ～前 5 世纪印度自由思想家及其派别的统称，其中包括佛教创始人释迦牟尼等。他们的主张不同，但都否定吠陀的权威和婆罗门的政治、思想统治，并在下层人民中掀起抵制婆罗门教的新宗教运动。他们不崇拜吠陀中的神祇，不接受婆罗门的管理，反对用大量动物作为祭祀的牺牲，建立自己的庙宇，崇拜当地的神灵和动植物——夜叉（鬼）、树木、龙神（蛇神）、林伽（性器官）等。

敦煌莫高窟第 257 窟南壁（局部）

婆罗门教

印度古代宗教。因崇拜梵天及由婆罗门种姓担任祭司而得名。源于吠陀信仰，约形成于公元前 7 世纪，以《吠陀经》为主要经典，信仰多神，遵守四姓制度，主张婆罗门至上，重视祭祀，以期升天涅槃，后来演化为印度教。吠陀天启、祭祀万能和婆罗门至上是婆罗门教的三大纲领。

迦毗罗卫

古印度佛教遗址。释迦族聚居的迦毗罗卫国的国都。中国的法显、玄奘都曾到过此城，但两人对它的位置的记述有所不同。近代以来，虽经专家努力探索，但至今未能确定它的原址。

拘尸那迦

古印度佛教遗址。古印度末罗国的都城。在今印度北方邦哥达拉克浦县凯西郊外的“摩达孔瓦尔”（意为“死王子”）。4 世纪法显来此时，已人烟稀少，大部分寺院颓圮。7 世纪玄奘到此，更是荒无人烟。现存主要文物有约 5 世纪雕刻的释迦牟尼涅槃像（1833 年发现），另有大涅槃塔、安伽罗塔等。

左图　尼泊尔博卡拉蓝毗尼的摩耶夫人祠遗址。摩耶夫人为释迦牟尼的生母。

右上图　印度鹿野苑博物馆藏的释迦牟尼石雕像（5 世纪后期）

右下图　古印度的婆罗门

山西大同云冈石窟第 20 窟释迦牟尼坐像

演变

佛教创立后，在印度几经演变。佛陀及其直传弟子所宣扬的佛教，称为根本佛教。佛陀逝世后，弟子们奉行四谛、八正道等基本教义，在教团生活中维持着他在世时的施设和惯例。由于佛陀在世时于不同场合对不同的对象有着不同的说法，弟子们对此便产生不同的理解。约在佛灭后100年，佛教分裂为上座部、大众部两大派，称根本二部。此后100余年间续有分裂，先后分成十八部或二十部，称枝末部派。关于部派分裂的次第、年代、名称、地区均有不同的说法。当时佛教传播的范围，北至喜马拉雅山麓，南至基斯那特河（克里希那河）。一般认为由上座部直接分出的最大一部是说一切有部。上座部（以说一切有部为代表）和大众部在教义上有较大差别。两大部的主要差别有三方面。一是对法（事物、存在）的认识。大众部认为“过去未来，非实有体”“现有体用，可名实有”，即认为一切现实都依因缘生灭，过去的已经灭了，没有实体；未来的没有生起，也没有实体，仅仅现在一刹那中才有法体和作用。说一切有部主张法体是永恒存在的，过去、现在和将来三世也都是实有的，即所谓“法体恒有”“三世实有”，被称为我空法有论。二是对佛陀的认识。大众部认为生灭于人间的释迦牟尼佛是化身而非实身，佛陀的实身是积累极长期的修行而成的，他有着无际的寿命和威力，所说一切言语为随机说法，并以一音说一切法。说一切有部不承认释迦

牟尼是化身，认为佛说言语并非都是经教，也并不是一音说一切法。三是对声闻和菩萨的认识。大众部强调菩萨广度众生的慈悲愿力，轻声闻而贵菩萨。说一切有部虽承认声闻、缘觉、菩萨能修行根性和所修行道路有差别，但认为佛与声闻、缘觉所得解脱没有差异。

公历纪元前后，在佛教徒中流行着对佛塔的崇拜，从而形成了大乘最初的教团——菩萨众。他们中间一部分人根据《大般若经》《维摩经》《妙法莲华经》等阐述大乘思想和实践的经籍，进行修持和传教，形成了中观派（空宗）和瑜伽行派（有宗）两大系统，而将早期佛教贬称为小乘。

佛陀逝世后约500年，大乘中观派兴起。此派创始人龙树，阐发“空”“中道”和“二谛”的思想。其弟子提婆继续弘扬龙树的学说，使大乘佛教得以进一步发展。以后还有清辨和佛护、月称等从不同的角度阐发中观的思想，形成自续派和应成派。同时，小乘佛教中的说一切有部、经量部等，仍继续发展。

佛陀逝世后约900年，瑜伽行派兴起。此派奠基人是无著和世亲。无著原是说一切有部僧人，因对说一切有部教理感到不足，而阐发大乘教义。其弟世亲，原是说一切有部学者，后从无著改宗大乘，称“千部论师”。无著、世亲弘扬“万法唯识”“三界唯心”的唯识论，此后传承主要有难陀、安慧、陈那、护法四家，护法之后还有戒贤、亲光等。

7世纪以后，印度密教开始流行，到8世纪以后，与印度教相接近。波罗王朝在那烂陀寺以外另建超戒寺，作为研习和宣传密教的中心。9世纪后，密教更盛，相继形成金刚乘、俱生乘和时轮乘。11世纪起，伊斯兰教的势力逐渐进入东印度各地，到13世纪初，超戒寺等许多重要寺院被毁，僧徒星散，佛教终于在南亚次大陆消失。

敦煌莫高窟第257窟南壁（局部），沙弥守戒自杀品部分。

八正道

佛教教义。指达到佛教最高理想境地（涅槃）的 8 种方法和途径：①正见，即坚持佛教四谛的真理；②正思维，即根据四谛的真理进行思维、分别；③正语，即说话要符合释迦牟尼的教导，不说妄语、恶口等违背释迦牟尼教导的话；④正业，即一切行为都要符合释迦牟尼的教导，不做杀生、偷盗、邪淫等恶行；⑤正命，即过符合释迦牟尼教导的正当生活；⑥正方便，即毫不懈怠地修行佛法，以达到涅槃的理想境地；⑦正念，即念念不忘四谛真理；⑧正定，即专心致志地修习佛教禅定，于内心静观四谛真理，以进入清净无漏的境界。

法

佛教术语。凡具有质的规定性，并为人们所认识的一切事物和现象，就称为法。由于大小乘及派别的不同，其分类也不同。实际上，在佛教文献中，法的含义多种多样，用法及其内涵极其复杂。例如：①真理、法则、规范；②正当的事情（非指善行）；③指作为理法的缘起；④释迦牟尼的教导、佛法；⑤具体的戒律；⑥存在、对象，等等。

菩萨

“菩提萨埵”的略称，指达到自觉（自身得到解脱）、觉他（使众生得到解脱）两项佛教修行果位的人。“菩萨”这个名称最先为释迦牟尼在成道前所专用，也是小乘对成道前的释迦牟尼的称谓。到了大乘，“菩萨”指发大心入佛道，起四弘誓愿，修六波罗蜜者。

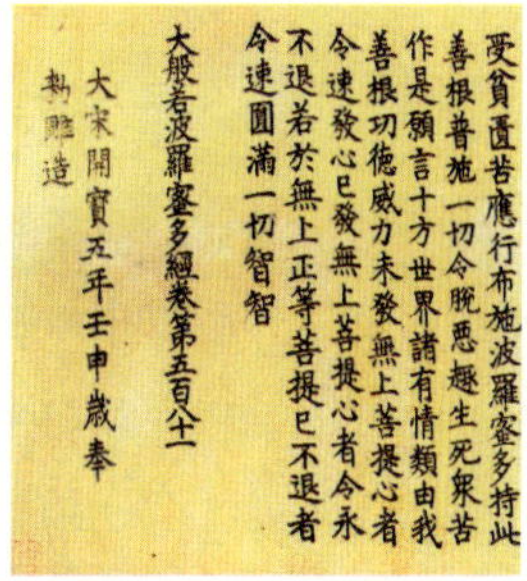

受貧匱苦應行布施波羅蜜多持此
善根普施一切令脫惡趣生死衆苦
作是願言十方世界諸有情類由我
善根功德威力未發無上菩提心者
令速發心已發無上菩提心者令永
不退若於無上正等菩提已不退者
令速圓滿一切智智
大般若波羅蜜多經卷第五百八十一
大宋開寶五年壬申歲奉
勅雕造

声闻

听闻释迦牟尼的声教而依教修行的佛弟子。后与缘觉合称二乘，与缘觉、菩萨合称三乘。

缘觉

佛典中的一种解脱者。梵语音译“辟支迦佛陀”等，略称“辟支佛”等。这种解脱者并未随佛闻法，而是独自悟道，且性好寂静孤独，不事说法教化，故又称独觉。与声闻合称二乘，与声闻、菩萨合称三乘。

《大般若经》

佛教经典。全称《大般若波罗蜜多经》，简称《般若经》。是宣说诸法皆空之义的大乘般若类经典的汇编。唐玄奘译。600 卷，包括般若系 16 种经典（即十六会）。其中第二会、第四会、第九会成书于公元前 1 世纪左右，其他各会是在以后几个世纪中成书的。一般认为最早出现于南印度，以后传播到西、北印度，在贵霜王朝时广为流行。

上图 《大般若波罗蜜多经》北宋开宝年间刻本

下图 金代马云卿《维摩演教图》，北京故宫博物院藏。

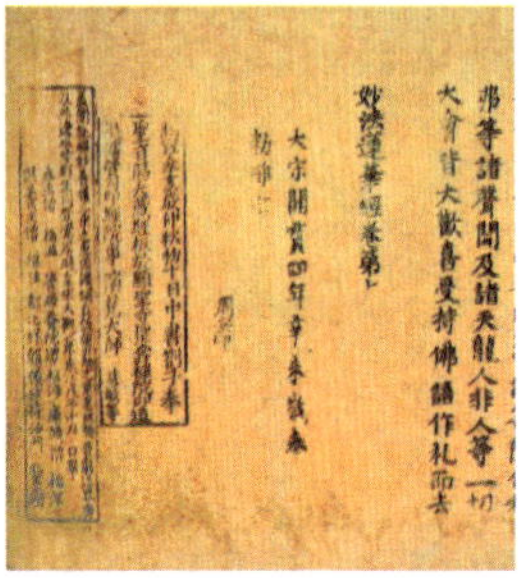

上图 《妙法莲华经》北宋开宝年间刻本

《维摩经》

佛教经典。全称《维摩诘所说经》，一称《不可思议解脱经》，又称《维摩诘经》。后秦鸠摩罗什译，3 卷，14 品。此经成于 1 ～ 2 世纪，是印度大乘佛教时期的经典之一。在印度极为流行。但梵本大部分已散失，只有一些片段。它用寓于象征意义的谈话形式，显示出大乘性空思想的真谛，是同类经中艺术感染力较强的作品。维摩诘是大乘佛教中最为重要的居士，是释迦牟尼时期毗耶离城的大长者。后世把《维摩经》作为在家佛教的重要经典，而维摩诘也被看成是在家佛教理想的体现者。

《妙法莲华经》

佛教经典。简称《法华经》。一般认为此经起源很早，经过不同的历史阶段陆续完成。曾在古印度、尼泊尔等地长期广泛流行，现已发现分布在克什米尔地区、尼泊尔和中国新疆、西藏等地的梵文写本 40 余种。汉译本以后秦鸠摩罗什译的 7 卷 28 品流传最广。此经讲说三乘方便、一乘真实和一切众生皆能成佛等内容，是天台宗等据以立说的主要典籍。

一次维摩诘称病在家，释迦牟尼派文殊师利等弟子去看望他。宾主坐定，维摩身边的天女即把花撒向空中，当花落到来客中舍利弗身上时，他慌忙用手去掸花，维摩即指出其心中有物，凡心未退，并乘机说法，使文殊诸人深为叹服，大乘佛教遂得以布扬。

龙树（2～3 世纪）

印度大乘佛教中观派奠基人之一。传说生于南印度毗达婆国，属婆罗门种姓。幼年曾学四吠陀、天文、地理、图纬秘藏及诸道术等，后皈依佛教。初习小乘教规，后在雪山一带得大乘经典，系统阐述并确立了大乘佛教中观派理论。著作甚多，中国西藏所传为 122 种，汉译为 22 种。有“千部论主”之称。在释迦牟尼以后的印度祖师中，龙树在佛教史上的贡献最大，是释迦牟尼之后第一个重要的大乘佛教学者。他使印度佛教的教义体系局面大开，为大乘佛教的发展开辟了新的道路。他的宗教思想对中国佛教的很多宗派都有很大影响。

龙树像

空

佛教教义。是表示佛教根本立场的一个基本概念。指一切存在之物中，皆无自体、实体、我等。相对于“有”，具有否定存在实体的含义，但并非“无”或“虚无”。佛教所说的空虽有多种含义，但大致分为人空、法空两种。人空，指人类自己没有实体或自我的存在；法空，则指一切事物的存在皆由因缘而产生，因此也没有实体存在。自释迦牟尼时代开始就有这种思想，般若经系统的大乘思想更是以空为其理论基础。

中道

佛教教义。是佛教认为的最高真理。指脱离边邪、不偏不倚的中正之道。但大小乘对中道解释不尽相同。如小乘佛教一般以八正道为中道。法相宗以唯识为中道。

提婆（约 3 世纪）

印度大乘佛教中观派奠基人之一。据说他曾持一目供神（一说施一妇人），故也称“迦那提婆”，意为“独眼提婆”。传说提婆出生于斯里兰卡，是个王子。出家后遍学三藏，后游学印度，遇到龙树后，执弟子礼。另一说他是南印度人，属婆罗门种姓，博识渊览，辩才绝伦，后从龙树出家。提婆是龙树的得意高足，深得中观论的精要，成为龙树学说的重要宣传者，并发展了龙树的学说。著作中译本有鸠摩罗什译的《百论》、玄奘译的《广百论》等。

二谛

即真谛和俗谛。真谛，又作胜义谛、第一义谛，即出世间的真理。俗谛，又作世俗谛、世谛，即世间的真理。

世亲（约 4 或 5 世纪）

大乘佛教瑜伽行派理论体系建立者之一。无著的弟弟。生于北印度犍陀罗国的布路沙城，属婆罗门种姓。初习小乘，在说一切有部出家，曾去迦湿弥罗国精研该部教理 4 年。后回布路沙城，著《俱舍论》，批评说一切有部的烦琐教义和大乘教义。后追随无著改信大乘，弘扬唯识论。其著作甚多，其中《唯识二十论》和《唯识三十颂》两部著作充分阐明了他“识生似外境现”的思想，集中了他的唯识思想的精华，也是唯识学说发展的高峰。

上图　提婆像
下图　世亲像

大乘佛教

佛教派别。亦称大乘。乘，梵语意为交通工具，指能将众生从烦恼之此岸载至觉悟之彼岸的教法。1～2世纪，由佛教大众部的一些支派发展而成。原始佛教和部派佛教被称为小乘。认为三世十方有无数佛，主张利他和普度众生，并以成佛度世、建立佛国净土为最高目标。以般若系经典及后来的《妙法莲华经》《维摩经》《华严经》《无量寿经》等为主要经典。中观学派、瑜伽行派及后期的密教成为古印度大乘佛教的三大系。中国及日本等地的佛教都属大乘。

瑜伽行派

印度大乘佛教派别之一，是与中观派对立的学派。以《解深密经》《瑜伽师地论》等为主要经典。中国传统称有宗。因强调瑜伽的修行方法而得名。从事此派修持的人被称为瑜伽师。4～8世纪此派在印度成立并发展。传说瑜伽行派的祖师是弥勒。该派理论的奠基人是无著和世亲。后分裂为有相唯识派与无相唯识派。南北朝北魏时代传入中国，唐玄奘自印度回国译出《成唯识论》后，形成法相宗（或称唯识宗、慈恩宗）。

无著（约4或5世纪）

大乘佛教瑜伽行派理论体系的建立者之一。生于北印度犍陀罗国的布路沙城，属婆罗

莫高窟第 360 窟北壁顶部（局部），药师经变部分。

门种姓。初习小乘，在说一切有部出家。后在中印度阿踰陀国改信大乘。主要著作有汉译、藏译约 30 种。他所著的《摄大乘论》概括了他主要的佛学思想，对唯识论进行了系统的阐明。另外，他还提出三性说，认为从认识上看对宇宙万有可分析为三性，即遍计所执性、依他起性和圆成实性。无著为了证得他所阐明的一切唯识和三性的理论，提出了一套修行实践的方法，主张戒、定、慧三学，勤修“六波罗蜜[1]”（即布施、持戒、忍辱、精进、禅定、智慧），把证悟的阶段分为“十地”，最后达到“无住处涅槃”的境界。此外，他还证明佛有三身，即自性身、受用身和变化身。这些理论进一步发挥和重新组织了前一个时期大乘经典的教理和实践，从而奠定了瑜伽行派的基础。

密教

佛教教法分类方式之一，也是判教方式之一。是语言文字无法全然显示的秘密教法。亦称大乘密教，与显教（可用语言文字显示的教法）相对。6～7 世纪，印度教在当时的社会和文化生活中逐渐取得了优势地位，佛教在这种社会潮流影响下开始吸收印度教和民间信仰而逐步密教化。一般认为，7 世纪中叶以后密教成为独立的思想体系和派别。最初流传于西南印度、德干高原，后来向南印度和东北印度传播，以超戒寺为中心，获得波罗王朝的支持而迅速发展。其教典总称为怛多罗，以大乘中观派和瑜

1　编者注：波罗蜜，意为达到彼岸。

伽行派的思想为理论基础。实践上，以高度组织化的咒术、坛场、仪轨和各种神格信仰为特征。仪轨极为复杂严格，对设坛、供养、诵咒、灌顶都有严格的规定，主张修“三密”，即手结契印（身密）、口诵真言（语密）和心作观想（意密）。三密相应，即身成佛。密教强调奥秘必须秘传。主要经典为《大日经》《金刚顶经》《密集经》等。八九世纪以后，由于印度教的兴盛，佛教僧团日益衰败，内部派系纷争不已，从而日趋式微，至 13 世纪初，已趋于消亡。密教于唐代传入中国，形成密宗。

那烂陀寺

古印度著名佛教寺院。遗址在今印度比哈尔邦巴腊贡附近，据考古发掘，遗址达 100 万平方米。据佛教传说，此地是释迦牟尼大弟子舍利弗的诞生及逝世处，释迦牟尼本人亦曾路经此地说法。一说该寺由阿育王创建，也有人认为是笈多王朝的鸠摩罗 · 笈多一世创建的。最初是印度教庙宇。5 ～ 12 世纪，此寺一直是印度佛教重要的教学及研究中心之一。据说极盛时期，曾藏书 900 万余卷，佛教学者云集，主客常达万人。不仅当时印度的著名佛教学者在此修持讲学，中国、朝鲜、日本等国的一些僧人也不远万里到此游学。7 世纪中国的玄奘、义净都在那烂陀寺居住过多年。12 世纪末，该寺为入侵的突厥人所毁。

超戒寺

古印度著名佛教寺院和密教学术中心，印度佛教晚期大乘佛学中心。又名超行寺、超岩寺。8 世纪由波罗王朝著名君主达摩波罗所建，一直受到波罗诸王的保护，为国家寺院之一。位于恒河右

须弥山，印度教徒和佛教徒都视其为“神圣之地”和“宇宙的中心”。

岸山坡岩石上，其遗址已不可寻，或为河水所吞没。据传该寺规模宏大，装饰华丽，藏有巨量财宝、文物，建筑规模胜过笈多王朝的国家寺院那烂陀寺。13 世纪初异族入侵时遭焚毁。

金刚乘

密教的异称。相对其他大小乘教而言，密教认为自教最为殊胜，其教法坚利如金刚，故名。或指相对于右道密教（即真言乘）的左道密教。

俱生乘

金刚乘的一个分支。此派经典多用孟加拉等地方语言写作，其中很多是导师所传的歌诀，主张佛身四身说（法身、报身、应身和俱生身），宣传自我是“与生俱有”（本性）的性质并是实现的目的，在实践上重视导师的作用和秘密的仪式。

时轮乘

印度佛教史末期密教的支派。是从金刚乘发展而来。自 10 世纪左右起，在印度流行。教义属于密教四部中的无上瑜伽部。宣传现实存在像时间的车轮一样，倏忽即逝，只有信仰宇宙的绝对者本初佛才能从迷妄的世间中解脱出来。另外，宣传佛教的理想国香巴拉的思想。此派的经典著作是《时轮要略秘经》。供奉佛像是男女双身拥抱像，男天四面十二臂，女天一面十二臂，两天皆足踏人身。

右上图　印度瓦拉纳西鹿野苑遗址内的佛塔。传释迦牟尼得道成佛后，在此为第一批五位弟子宣讲佛法。

右下图　那烂陀寺遗址

传播

佛教原来只流行于中印度恒河流域一带。孔雀王朝时期，阿育王奉佛教为国教，广建佛塔，刻敕令和教谕于摩崖和石柱，从此遍传南亚次大陆的很多地区；同时又派传教师到周围国家传教，东至缅甸，南至斯里兰卡，西到叙利亚、埃及等地，使佛教逐渐成为世界性宗教。

佛教向亚洲各地传播，大致可分为两条路线：南向最先传入斯里兰卡，又由斯里兰卡传入缅甸、泰国、柬埔寨、老挝等国。北传经帕米尔高原传入中国，再由中国传入朝鲜、日本、越南等国。

佛教向斯里兰卡传播，约在公元前 3 世纪的孔雀王朝时期。阿育王曾派他的儿子摩哂陀去斯里兰卡传授上座部佛教。公元前 1 世纪，斯里兰卡出现了两个佛教派别：大寺派和无畏山寺派。3 世纪上半叶大乘佛教传入斯里兰卡，在无畏山寺派中又分出了南寺派。5 世纪初，觉音用巴利语对南传三藏进行了整理和注释，确立了上座部教义的完整体系。大寺派被认为是南传佛教的正统派。缅甸、柬埔寨、老挝等国的佛教都承受斯里兰卡大寺派的法统。12 世纪以后，由于外族和殖民主义者的侵入，斯里兰卡佛教曾两度受到破坏，后再由缅甸和泰国重新传入。

敦煌莫高窟第 159 窟西壁北侧下部（局部），五台山部分。

上座部佛教由斯里兰卡传入缅甸在 4 ~ 5 世纪。11 世纪中叶，蒲甘王朝的阿奴律陀王，建立缅甸最早的统一封建王朝，曾奉大寺派佛教为国教。以后历代王朝都保护佛教，建立了大量雄伟华丽的佛塔，如 18 世纪所建仰光大金塔等。

佛教由斯里兰卡传入泰国在 12 世纪左右。13 世纪，泰国素可泰王朝宣布奉佛教为国教。18 世纪曼谷王朝诸王都笃信佛教。19 世纪中叶以后，拉玛四世对佛教进行改革，形成新旧两派，绵延至今。1919 ~ 1927 年，泰国刊行了全部三藏注释及藏外典籍。泰国目前是东南亚佛教兴盛的国家，被称为“僧侣之国”。

5 ~ 6 世纪时，佛教传入扶南（早期柬埔寨），当时大小乘兼传。6 世纪扶南改称为真腊，宗教信仰为大小乘佛教和印度教同时存在，这明显地反映在宗教仪式和 9 ~ 12 世纪吴哥城的许多宫殿建筑上。14 世纪中叶后，柬埔寨沦为泰国的属国，上座部佛教随之传入。以后，老挝又从柬埔寨传入上座部佛教。

从 5 世纪起，佛教开始传入印度尼西亚的苏门答腊、爪哇、巴厘等地。据中国高僧义净的记述，7 世纪中叶印度尼西亚诸岛小乘佛教盛行，以后诸王朝都信仰大乘佛教与印度教；至 15 世纪伊斯兰教开始盛行。

在公历纪元前后，佛教传入中国；在汉代被视

为神仙方术的一种；至南北朝时传播于全国，出现了很多学派。隋唐时期进入鼎盛阶段，形成了很多具有中国民族特点的宗派。宋代以后，佛教各派趋向融合，同时儒、佛、道的矛盾也渐趋消失。7 ~ 8 世纪佛教分别由印度和中国汉族地区传入中国西藏，至 10 世纪中叶后形成藏语系佛教，后又辗转传到中国四川、青海、甘肃，蒙古和俄国布利雅特蒙古族居住的地区。

大约在 2 世纪末，佛教从中国传入越南。在 4 ~ 5 世纪时，佛教在越南获得广泛传播。10 ~ 14 世纪，越南佛教进入兴盛时期。泰国和缅甸佛教对越南佛教也产生影响。

4 世纪后半叶佛教由中国传入朝鲜高句丽。7 世纪新罗王朝统一朝鲜半岛后，由中国传入的华严宗、法相宗、律宗、禅宗都很盛行，以后禅宗尤为兴盛。14 世纪末，朝鲜刊行了《高丽藏》。14 世纪李氏王朝虽然一度采取排佛崇儒的政策，但朝鲜佛教仍然有所发展，17 世纪中叶以后开始衰落，至近代又有所复兴。

6 世纪，佛教从中国经朝鲜传入日本，此后一直成为日本的主要宗教。7 世纪初，圣德太子在《十七条宪法》中要求全体臣民“皈依三宝”。从中国隋唐时期开始，日本向中国派出了大批留学僧，中国佛教的主要宗派相继传入日本。12 世纪以后，日本佛教形成很多民族化的宗派。

在印度阿育王时传至叙利亚、埃及等国的佛教，以后又传到非洲一些地区，但影响不大。

在 19 世纪末和 20 世纪初，佛教先后传入欧洲和北美。1906 年英国成立“英国佛教协会”，欧洲佛教徒开始有自己的组织。以后英、法、德、瑞士、瑞典、匈牙利等国都有佛教僧团和研究机构。佛教传入美国后，又北传加拿大，南传巴西、秘鲁、阿根廷等国。

目前佛教已传播到世界各大洲。但主要仍集中在东亚和东南亚一带，这个地区的佛教信徒人数远远超过其他宗教信徒。

敦煌莫高窟第 14 窟北壁东起第二幅（局部），如意轮观音变部分。

孔雀王朝和阿育王

孔雀王朝是古代印度摩揭陀国最著名的奴隶制王朝。因其创造者旃陀罗 · 笈多（月护王）出身于孔雀家族而得名。建立于公元前 323 年。首都为华氏城（今巴特那）。公元前 3 世纪中叶孔雀王朝第三任国王阿育王在位时，是孔雀王朝的极盛时代，他统一了除印度半岛南端之外的印度全境，是古代印度第一个统一国家的王朝。阿育王笃信佛教，大力宣扬佛法。据佛教文献记载，在他即位后的第 17 年，在华氏城举行第三次佛教结集。以后他向国内外派出许多传教使团，广布佛教，最终使佛教成为世界性的宗教。当时佛教徒认为他是个理想的国王，尊其为“护法名王”。阿育王把自己统治的业绩及对人民的教化要求，刻在岩壁及石柱上，即著名的阿育王摩崖法敕和石柱法敕。阿育王死后，帝国逐渐分裂。约在公元前 187 年（或公元前 185）孔雀王朝为巽伽王朝取代。

摩哂陀（约公元前 279 ～前 199）

斯里兰卡佛教的开祖，世称传律第六祖。印度阿育王的儿子（《大唐西域记》说是阿育王的兄弟）。20 岁出家为比丘。后奉阿育王之命到斯里兰卡弘法，很快就使那里的国王、大臣和人民都信仰了佛教，建立了比丘僧团，并在大寺创建了大寺派。同时，摩哂陀的妹妹僧伽蜜多也被派去斯里兰卡，建立了比丘尼僧团。最初由摩哂陀传入斯里兰卡的巴利语三藏，以后又相继传入并盛行于缅甸、泰国、柬埔寨与老挝等国，后又传入中国云南傣族地区。近代学者把这一系的佛教称为南传上座部或巴利语系佛教。

觉音

南传上座部巴利语系佛教大注释家。亦译佛音。出生于北印度菩提伽耶附近的婆罗门种姓。生卒年不详。自幼学吠陀，能诵七千偈，另通瑜伽、数论等派学说。曾游历诸国，以议论为事。由于雄辩如佛，故时人以觉（佛）音称之。在菩提伽耶一座僧诃罗（今斯里兰卡）人建造的寺院出家。后住在大寺，专研巴利三藏和注疏。觉音的注释，不只是本文的语义，还包含历史、地理、天文、音乐、动植物等诸多解说，以及有关印度古代风俗习惯的资料。他对上座部佛教的流传有很大影响。著作有《清净道论》《普悦》等。

巴利语

印度－雅利安语支的一种古代语言。是斯里兰卡、缅甸、泰国等地方的佛教圣典及其注疏等所用的语言，现在仍是这些地方小乘佛教的经堂语言。关于其由来众说纷纭，

敦煌莫高窟第 159 窟西壁北侧下部（局部），五台山顶部。

其中斯里兰卡佛教徒认为此语即古代的摩揭陀语，为释迦牟尼说法及佛灭后的结集所使用。后摩哂陀持巴利语的三藏至锡兰（今斯里兰卡），以锡兰语为三藏作注。觉音又依其注释而制巴利语的注疏。巴利语没有专用的字母。在印度，有时使用天城体。在斯里兰卡、缅甸、泰国等地，则使用当地流行的字母。巴利文献主要有小乘佛教上座部的经典，通常称为巴利文三藏。藏外还有一些经典，比如《那先比丘经》等。

仰光大金塔

缅甸著名的大型佛塔。位于缅甸仰光市茵雅湖畔的丁固达拉山岗上，居仰光最高点。据佛教传说，释迦牟尼成佛后，为报答缅甸人曾赠蜜糕为食而回赠了 8 根头发。佛发被迎回缅甸，忽显神力自空中降下金砖，于是众人拾起金砖砌塔。大金塔初建时为高 8.3 米的砖塔，以后历朝都有扩建和涂金。至 1755 年塔身已修高至 99 米，顶上还加了涂金伞盖。塔基周长 433 米，在 3 层大台基上置钟形塔体。塔顶为一把巨大的金属宝伞，重 1250 千克，宝伞上挂有 1065 个金铃和 420 个银铃。塔内有玉石雕刻的佛像。塔有 4 门，门前各有 1 对石狮镇守。大金塔周围环绕着 64 座小塔和 4 座中塔，其壁龛内藏有许多大小不一的玉佛。仰光大金塔已成为东南亚的佛教圣地。

吴哥城

亦称吴哥通王城，又叫大吴哥。9 世纪后期至 15 世纪初期高棉王国都城遗址。“吴哥”，梵语意为“城市”。位于柬埔寨暹粒省境内洞里萨湖北面，南距暹粒市 5 千米左右。城呈正方形，城墙每边长约 3 千米，周长为 12 千米左右，城外有城壕环绕。城门 5 座。吴哥城市建筑，是根据印度古代宗教宇宙观的寓意而设计的。中心为巴壤寺，代表宇宙的中

心须弥神山。由此有 4 条道路通向东西南北四方，代表宇宙的基本方向。吴哥城南约 1 千米处的吴哥寺或称吴哥窟，是柬埔寨最著名的佛教遗迹。1432 年暹罗人入侵高棉王国后，吴哥都城被废弃，湮没于热带丛林之中。现遗址主要是宏伟的石构建筑和精美的石刻浮雕，包括王城、王宫、寺庙、陵墓及由水库、水池、运河组成的庞大的灌溉系统。它与中国万里长城、埃及金字塔和印度尼西亚婆罗浮屠合称为东方世界的“四大奇观”。

义净（635 ～ 713）

唐代僧人，中国佛经翻译史上与鸠摩罗什、真谛、玄奘、不空等齐名的大译师。俗姓张。齐州（今山东济南历城）人。14 岁受沙弥戒。36 岁从长安赴印度求法。在那烂陀寺前后留学 10 年。回国途经室利佛逝（今印度尼西亚苏门答腊），停留 4 年，从事译述。695 年夏回到洛阳，武则天亲迎于上东门外。他离京西游，历时 25 年，游历 30 余国，带回梵本经、律、论约 400 部。回洛阳后，曾参加大遍空寺的华严经译场。700 年起他又自行组织译场翻译，共译《金光明最胜王经》《法华论》等经、律、论共 61 部，239 卷。

《高丽藏》

佛教传入中国后，其经典经过历代的翻译、流通，数量日益增多，最后汇集、编纂成“藏”，即汉译佛教典籍的丛书。从南北朝起至木板雕印术发明之前，佛教经典主要以抄本形式在各大寺院和佛教徒中流传。五代、宋初，雕版事业兴起，佛经开始有了木刻本。北宋开宝四年（971）雕印了第一部大藏经，即《开宝藏》。《高丽藏》就是根据流传到高丽的《开宝藏》及其后的天禧修订本和熙宁修订本，和契丹王朝送给高丽王朝的《契丹藏》印本，复刻而形成的雕本。1232 年全部版本毁于战火。1236 ～ 1251 年又根据印本复刻。全藏共 639 函，千字文编次天字至洞字，入经 1522 部，6558 卷。

《释氏源流》卷三插图。《释氏源流》是明代流传甚广的佛学著作，又是百余年来被人忘却的古籍。它记录了佛教东传的曲折过程，廓清了佛教的本质和教义，并从佛教本位出发，极力将儒教、道教纳入佛教的体系，强调佛教文化对中国传统文化的影响。

柬埔寨吴哥窟（吴哥寺）

左图 仰光大金塔

上图 位于四川甘孜藏族自治州康定县塔公乡的塔公寺。“塔公”藏语意为“菩萨喜欢的地方”，塔公寺是藏传佛教萨迦派著名寺庙之一，距今已有 1000 多年的历史。寺内有一尊与拉萨大昭寺相同的释迦牟尼像，传说是文成公主入藏路经此地，模仿携往拉萨的释迦牟尼像另造一尊留供寺中，因而有“凡愿到西藏拉萨朝圣而未能如愿者，朝拜康藏塔公寺释迦牟尼像亦具有同等效果和功德”的说法，塔公寺也因此有“小大昭寺”之称。

敦煌莫高窟第419窟窟顶后部平顶（局部），弥勒上生经变部分。（孙志军／摄影）

贰

派系

佛教是与基督教、伊斯兰教并列的世界三大宗教之一。公元前6世纪至前5世纪，释迦牟尼创建于古印度。以后广泛传播于亚洲很多国家和地区，对许多国家的社会政治和文化生活产生重大影响。

佛教传播到每一个地区以后，由于受到当地社会、政治、文化的影响，形式和内容都有相应的变化，形成许多宗派。中国有汉语系、藏语系和巴利语系三大系统。它们在发展过程中各自形成一些学派和宗派。

汉语系佛教主要有天台宗、三论宗、法相宗、律宗、净土宗、禅宗、华严宗、密宗等。藏语系佛教主要有宁玛派、噶当派、噶举派、萨迦派、格鲁派。此外还有希解、觉宇、觉囊、夏鲁等几个小派。其中格鲁派的规模最大。巴利语系佛教主要有润（又分摆罢、摆孙二个支派）、摆庄、多列（又分达拱旦、苏特曼、瑞竟、缅坐四个支派）、左抵四派。

日本有天台宗、真言宗、净土宗、净土真宗、禅宗（临济、曹洞、黄檗）、日莲宗等；现代尚有属于日莲系的新兴宗派创价学会、立正佼成会等。朝鲜有曹溪宗、涅槃宗、太古宗和圆佛教等。斯里兰卡早期有大寺派、无畏山寺派和祇多林寺派；现代有暹罗派、阿摩罗普罗派、罗曼那派等三大派。越南有灭喜禅派、无言通禅派、草堂禅派、竹林禅派、了观禅派和禅净合一的莲宗派等。缅甸早期有僧伽罗僧伽派、末罗姆摩僧伽派、偏袒派、全缠派，现有善法派、瑞琴派、门派等。泰国、柬埔寨、老挝主要佛教宗派有法相应部和大部派。

敦煌莫高窟第 254 窟壁画《佛说法图》（局部）

中国汉语系佛教主要派别

天台宗

中国佛教宗派。因创始人智顗常住浙江天台山而得名。因教义主要依据《妙法莲华经》（简称《法华经》），又称法华宗。初祖龙树（约2～3世纪）、二祖慧文（535～557）、三祖慧思（515～577）、四祖智顗（538～597）、五祖灌顶（561～632）、六祖智威（?～680）、七祖慧威（634～723）、八祖玄朗（673～754）、九祖湛然（711～782）被称为天台九祖。智顗注有《法华玄义》《摩诃止观》《法华文句》，被奉为天台三大部。《智论》《中论》《百论》《十二门论》是此宗的根本论典。其判教主张“五时八教”，把自己信奉的《法华经》列为佛的最高和最后的说法。其教义主张一切事物都是法性真如的显现，以中、假、空三谛圆融的观点解释世界。该宗是中国佛教最早创立的一个宗派。当时得到朝野的支持和信奉，对隋唐以后成立的各宗派有很多影响。9世纪初，日本僧最澄入唐求法，回国后把天台宗传到日本，成为日本日莲宗的前身。

三论宗

中国佛教宗派。隋吉藏创立。因依龙树的《中论》《十二门论》和提婆的《百论》三论立宗而得名。又因其阐扬“一切皆空”“诸法性空”而称空宗或法性宗。三论宗的基本思想是“一切皆空”论、二谛说和中道观。后秦鸠摩罗什传译的《三论》，大力提倡龙树、提婆之学，为创立三论宗奠定了理论基础。其弟子僧肇撰写的《不真空论》等又进一步确立了三论宗义。后来，南朝刘宋时僧朗将鸠摩罗什、僧肇的学说传入江南。僧朗弟子僧诠，僧诠门人法朗，数代相传，教义渐趋成熟。法朗门人吉藏集鸠摩罗什、僧肇、僧诠、法朗等人的三论学说的大成，创立三论宗。但三论宗流行时间不长便逐渐衰落了。

法相宗

中国佛教宗派。因剖析一切事物（法）的相对真实（相）和绝对真实（性）而得名。又因强调不许有心外独立之境，亦称唯识宗。由于创始者玄奘及其弟子窥基常住大慈恩寺，又称慈恩宗。玄奘游学印度回国后，先后译出瑜伽学系的“一本十支”各论，并糅译了《成唯识论》，奠定了法相宗的理论基础。其弟子神昉、嘉尚、普光、窥基等对该宗典籍竞作注疏，在理论上各有发挥。特别是窥基，有“百部疏主”之称。他的著作被传到日本，成为日本法相宗的重要经典。窥基之后，慧沼、智周传承两代，各有阐扬。自智周弟子如理以后，法相宗逐渐衰微。法相宗的唯识因明之学对后世影响很大。

律宗

中国佛教宗派。因着重研习及传持戒律而得名。实际创始人为唐代道宣。因依据五部律中的《四分律》建宗，也称四分律宗。因道宣住终南山，又有南山律宗或南山宗之称。相传释迦牟尼在世时，为约束僧众，制定了各种戒律，后因佛教各派对戒律的理解不尽一致，所传戒律也有所不同。道宣专研律学，著《四分律比丘含注戒本》《四分律删补随机羯磨》《四分律删繁补阙行事钞》《四分律拾毗尼义钞》《四分比丘尼钞》，后被称为五大部。他在终南山创设戒坛，制定佛教受戒仪式，正式形成宗派。按照四分律宗自己的承传，道宣是第九祖。元明时律宗已衰微，至明末清初，经如馨及弟子寂光等弘扬得以重兴。《十诵律》《四分律》《摩诃僧祇律》《五分律》和《毗尼母论》《摩得勒伽论》《善见律毗婆沙》《萨婆多论》《明了论》是其基本经典，通称四律五论。该宗由道宣三传弟子鉴真传至日本。

净土宗

中国佛教宗派。因专修往生阿弥陀佛净土法门而得名。净土思想渊源于印度，东汉时开始传入中国。随着《观无量寿经》等净土经典的译出，在中国出现净土崇拜。相传东晋太元十五年(390)，慧远于庐山东林寺邀集僧俗众人成立白莲社，发愿往生西方净土，故慧远被后人奉为净土宗初祖，净土宗亦称莲宗。净土宗真正的创始人是唐朝僧人善导。《无量寿经》《观无量寿经》《阿弥陀经》和世亲的《往生论》是该宗奉行的经典，称“三经一论”。善导所著的《观无量寿经疏》《往生礼赞》《观念法门》等，是该宗主要代表作。该宗教义简单，主要宗旨是：企图靠个人的力量解脱现实世界的苦难是不可能的，必须依靠佛力的接引、援救，才能离开现实的污秽的世界，往生西方净土。修行方法也很简便，只要会念“阿弥陀佛”名号，即可得到解脱，所以自中唐以后广泛流行，一直流传至今。

禅宗

中国佛教宗派。主张修习禅定，故名。又称佛心宗。传说创始于北朝，创始人为菩提达摩。至五祖弘忍后分成慧能南宗和神秀北宗两派，时称“南能北秀”。北宗主张“佛尘看净”的渐修，数传后衰微。南宗传承很广，成为禅宗正统。《六祖坛经》由慧能弟子根据慧能的语录和事迹整理而成，是中国僧人著述中唯一称经的著作，是禅宗的代表作，包含了禅宗的基本思想。六祖慧能是禅宗的真正创立者，主张教外别传、不立文字，提倡心性本净、佛性本有、直指人心、见性成佛。这是世界佛教史，尤其是中国佛教史上的一次重大改革。慧能以后，禅宗广为流传，唐末五代及北宋初年是鼎盛时期。宋元以后继续流传，没有断绝。禅宗这一派佛教思想不仅影响了宋代理学，也曾播及朝鲜和日本，现在还流行于欧美各国。禅宗使中国佛教发展到了顶峰，对中国古文化的发展具有重大影响。禅宗强调心性的运用，以明心见性为宗旨，对中华气功学的理论和方法产生了巨大影响。

华严宗

中国佛教宗派。因以《华严经》为根本典籍而得名。又因实际创始人法藏被武则天赐号为“贤首”，后人又称贤首宗。该宗以发挥“法界缘起”的思想为宗旨，又称法界宗。该宗有五祖，初祖为杜顺（557～640），他的观点对宋明理学的形成有重要影响。二祖智俨（602～668），著有《华严经搜玄记》《华严一乘十玄门》等。三祖法藏，曾参加翻译《华严经》《大乘入楞伽经》等，并有著述100余卷，正式创立华严宗。四祖澄观（738～839）的主要贡献是祖述师说，中兴华严宗，并发展了华严性起的教义。他的思想，经其弟子宗密进一步弘扬，对中唐以后的中国佛教思想影响极为深远。五祖宗密（780～841），虽宗述华严，也兼习禅宗。845年，发生会昌废佛事件，此宗也遭到打击。875年，黄巢农民起义爆发后，寺院经济遭到破坏，华严宗衰落，不过，以后历代都有人研习。

密宗

中国佛教宗派。因该宗依理事观行，修习三密（身、口、意三业）瑜伽（相应）而获得悉地（成就），故名。印度密教传入中国始于三国时期。唐开元四年（716），印度密宗高僧善无畏携带梵本到长安，后翻译出多部密教经典，其中《大日经》成为密宗的“宗经”。他和弟子一行等传授密法，成为中国密教正式传授的开始。唐开元八年（720，一说七年），南印度密教高僧金刚智来到中国，译经并传授密法，其弟子不空还奉师命赴师子国（今斯里兰卡）学习密法，回国所译《金刚顶经》等亦成为密宗主要经典。中国西藏地区的密宗通称“藏密”。7世纪松赞干布时期藏传佛教中已有密部经典。8世纪印度密教僧人寂护和莲花生到藏弘法，建密教根本道场桑耶寺。后密教在西藏流传。841年，赞普朗达玛禁佛时，密教受到打击，直至10世纪才得以弘传。11世纪中期，中印度超戒寺僧人阿底峡应请入藏，宣扬显密观行教法，使密教得到发展。其弟子首开西藏密教噶当派，此外还有宁玛、噶举、萨迦等派。15世纪初，宗喀巴及其弟子创立格鲁派，下传达赖、班禅两大系，是现今藏地盛行的密宗教派。

《达摩六代祖师像》，明戴进绘。此图所画的是佛教禅宗六代祖师的形象，有初祖达摩、二祖神光、三祖僧璨、四祖道信、五祖弘忍、六祖慧能。

13 世纪末 14 世纪初，《法相宗秘事画卷》第五卷（玄奘三藏绘）之“站在荒废了的寺庙遗迹中的玄奘”，日本重要文物。《法相宗秘事画卷》是描绘中国唐朝高僧玄奘的印度之行和释译佛教经典大业的 12 卷大作。

四川安岳石刻——毗卢洞紫竹观音。毗卢洞位于石羊镇塔子山上，有摩崖造像446身。为五代、北宋时期四川佛教密宗的道场之一。造像中表现密宗第五代祖师柳本尊的“十炼修行图”、观音堂内的紫竹观音像（即水月观音），堪称精品。

中国藏语系佛教主要派别

宁玛派

中国藏传佛教宗派。宁玛，藏语意为古、旧。藏传佛教分前弘期和后弘期，因该派遵循前弘期所传密宗，故名。又因该派僧人戴红色僧帽，俗称红教。这一派称其教法是由 8 世纪来到西藏的莲花生传下来的，比西藏其他各教派早 300 年左右。9 世纪朗达玛禁佛后，其密宗由家族世代相传。宁玛派在内容和形式上与后弘期各新派所传密宗有明显区别：它较为分散，无固定寺院及严格的僧伽组织，教徒生活在居民中间，依靠口授心传，重视父子、师徒的法统。僧人专靠诵经念咒、驱魔祛灾以谋生计，名为“阿巴”（即咒师），可以娶妻生子，与平民生活接近。至 11 世纪“三素尔”（“素尔”是家族名称）出现，整理经典，建立寺院，开展比较有规模的活动，才形成与其他教派类似的宗派。根本密典有 18 部怛多罗（教典的总称）。

噶当派

中国藏传佛教宗派。噶，藏语指佛语；当，指教授。噶当，意为将佛的一切语言和三藏教义，都统摄在该派始祖阿底峡所传的“三士道”次第教授之中，并据以修行。

1042 年阿底峡应阿里古格王室之请入藏传教，住托林寺，著《菩提道灯论》，开示“三士道”次第。1045 年仲敦巴 · 甲哇迥乃去阿里迎阿底峡至卫藏传教，并从阿底峡学习 9 年。1056 年仲敦巴应藏北当雄地方之请，前往建立热振寺，为此派建立之始。在教理方面，噶当派认为“一切佛经都是教授”，主张综合传承一切大乘佛法。有教典、教授、教诫三个主要支派，并各有自己所依的经典与教义。噶当派是藏传佛教中最早形成的宗派，由于自阿底峡入藏后，大力整顿原有的佛教，使教理系统化，修持规范化，故此派对藏传佛教噶举派、萨迦派等其他宗派都有重大影响。格鲁派是直接在噶当派的基础上建立的，有“新噶当派”之称。此外，藏传佛教中一切大论的讲说，也都导源于噶当派。

噶举派

中国藏传佛教宗派。噶举，藏语意为佛语传承，汉译口传。因该派僧人穿白色僧衣，俗称白教。分为香巴噶举和塔布噶举两个系统。二者在印度同源，传至西藏后，因传播地区不同，规模、势力也大不相同。通常指称的噶举派是塔布噶举，始祖是玛尔巴师（1012 ～ 1097），他曾多次赴印度、尼泊尔学习密教的密法和经典，并有译师称号。噶举派奉月称派中观见，重视“大印”传承，不重文字，重在论理，即通达“大印”的智慧。从哪位师长证得大印的智慧，就以他为根本师长。此派一度势力庞大，有很多派系都掌管当地的政权。但各宗派间因争夺权力经常发生争战，以致一些宗派日益衰落。

格鲁派

中国藏传佛教宗派。格鲁，藏语意为善律，因该派倡导僧人应严守戒律而得名。又因该派僧人戴黄色僧帽，俗称黄帽派，或黄教。15 世纪初，青海藏族僧人宗喀巴以噶当派教义为基础，创建格鲁派，所以又称新噶当派。又因宗喀巴在拉萨东北汪古日山修建了甘丹寺传教，又称甘丹派。格鲁派在佛教理论上，调和各派的矛盾，使之成

为统一完整的规范化的教理；要求僧人严持戒律，制定了对犯戒行为处以很重的惩罚措施；调整了显、密二宗的关系，强调显密兼修，先显宗后密宗，循序渐进的次序；对寺院组织制度进行了改革和调整。在建立初期就得到藏族广大民众的信仰和地方封建势力的支持，之后势力逐渐扩大。宗喀巴的弟子中，最著名的有贾曹杰和克主杰。贾曹杰继承宗喀巴法位，为第一任甘丹墀巴（意为甘丹寺座主，实为此派教主的地位）。克主杰为第二任甘丹墀巴，后期此派建立班禅转世系统时，又被追认为第一世班禅。宗喀巴和贾曹杰、克主杰被藏族佛教徒尊称为“师徒三尊”。此外，宗喀巴的弟子根敦主是后期被追认的第一世达赖喇嘛。为适应寺院经济迅速发展的需要，格鲁派于明嘉靖二十五年（1546），由索南嘉措（1543～1588）开始，正式实行活佛转世制度。万历六年（1578），他应蒙古土默特部俺答汗之请，赴青海传教，被俺答汗赠予达赖喇嘛的尊号，称为达赖三世，这是达赖喇嘛名号的开端。后达赖五世借助蒙古和硕特部固始汗兵力击败藏区各敌对势力，使格鲁派实力跃居各教派之上。清顺治九年（1652），达赖五世到北京，次年，清朝正式册封其为“西天大善自在佛所领天下释教普通瓦赤喇怛达赖喇嘛”，取得各派总首领地位。康熙元年（1662），格鲁派另一领袖班禅罗桑却吉坚赞圆寂后，又形成了班禅活佛转世系统。康熙五十二年（1713），班禅五世罗桑盖希被清朝正式册封为“班禅额尔德尼”。乾隆十六年（1751），清朝正式授权达赖七世管理西藏行政事务，格鲁派成为西藏的执政教派。1959 年后，经民主改革，它在西藏的封建特权被废除。此派禁止喇嘛娶妻和参加生产劳动，宗教首领采取活佛转世的方法继承。其主要寺院有西藏的哲蚌寺、甘丹寺、色拉寺，青海的塔尔寺，甘肃的拉不楞寺，今属蒙古国的额尔德尼召等。

萨迦派

中国藏传佛教宗派。萨迦，藏语意为白土，因该派主寺萨迦寺所在地土色灰白，故名。又因此派寺院围墙涂有象征文殊、观音和金刚手菩萨的红、白、黑三色花条，俗称花教。该派创立于 11 世纪，创始人为昆·贡却杰布。其后，教主由昆氏（《元史·释老传》作款氏）家族世代相传。萨迦五祖八思巴 1260 年被忽必烈封为国师，

萨迦五祖八思巴像

1264 年以国师身份领总制院（1288 年改称宣政院，为元朝管理全国佛教和藏族地区政务的机关）事，1265 年返藏，1268 年建立萨迦派政教合一地方政权。1270 年以创制蒙古新字（即八思巴蒙古文）有功，封帝师，升号大宝法王。1280 年逝世后，由其异母弟仁钦坚赞（《元史》作亦怜真）嗣帝师位，以后历代相传，形成元代帝师世系。14 世纪中，该派在政治上失势。但自 14 世纪后半期起，该派又出现多名知名学者，使教法得以维持并有所发展。该派于 1550 年在四川德格贡钦寺设德格印经院，刊刻藏传佛教经书、各宗派重要著述、历法及医药等书 1000 余种，对保存藏传佛教文化起了重要作用。

希解派

中国藏传佛教宗派。意思是能息灭、能止息。也就是说修行者依靠对佛经的认识和苦修，能够达到停止生死轮回，做到息灭苦恼及其根源。创始者是出身南印度的游行僧帕 · 当巴桑结（？ ～ 1117）。他精通显密教法，曾先后 5 次到西藏传教，主要活动于卫藏南部。1097 年，驻定日僧院，后该僧院成为希解派的中心地。此派的修行者多在旷野、坟墓或葬场等处过简朴的宗教生活。修行时常以人类的大腿骨、头盖骨等做法器，以实践“无常观”的教义。由于帕 · 当巴桑结设教因人而异，传授内容也较复杂，所以没有形成统一的教派。又因为教徒多在荒山老林、人迹罕至的地方苦修，没有与地方政治力量接触，也很少建立寺院，因此教派至 14、15 世纪就逐渐没落，最终失传。但它的部分教义及其修行仪轨，则被其他藏传佛教宗派所吸收，至今仍在藏族地区流传。

觉囊派

中国藏传佛教宗派。始祖为 12 世纪初的域摩 · 弥觉多杰。他所创立的“他空见”学说是觉囊派的核心教义。其后，五传弟子衮邦 · 吐吉尊追（1243 ～ 1313）在拉孜东北建立觉摩囊寺，简称觉囊寺，此派因此而得名。14 世纪时，笃补巴

（1292～1361）发展与阐扬了“他空见”学说，此派渐趋兴盛。17 世纪，格鲁派政权首领五世达赖喇嘛没收觉囊派寺庙财产属民，封禁经籍印版，令觉囊寺庙改宗，从此卫藏地区觉囊一派几乎绝迹。现在该派传播有限，只有边远地区如四川阿坝藏族自治州壤塘寺等寺庙继续传持觉囊派教法。

夏鲁派

中国藏传佛教宗派。又名布敦派。创始者为西藏著名的佛教大师布敦·仁钦朱（1290～1364）。他学识渊博，精通显密二教，有佛学及历史方面的著作 200 多种，最著名的是其编纂的藏文大藏经丹珠尔目录及所著《布敦佛教史》。成名后，受到日喀则东南夏鲁地方领主的支持，请他担任夏鲁寺寺主。传法盛极一时，因此有人将他传下来的学说教法，称为夏鲁派。夏鲁寺原来和萨迦派的关系密切，又有人将夏鲁派当作萨迦派的支派。

觉宇派

中国藏传佛教宗派。“觉”意为“断”，意指此派教法能断除人生的苦恼和生死的根源。“宇”意为“地方”，即佛家所说的“境”，即人们心理活动的对象。该派认为一切烦恼产生于人们对认识对象的误解和由此引起的爱憎，故主张以智慧与慈悲断除烦恼，故名。创始者也是希解派的创始者帕·当巴桑结。相传他在第三次入藏时，把觉宇派的教法传给交·释迦也协和雅隆·玛热色波。雅隆·玛热色波所传一系称为“颇觉”（男传觉宇法），后辈弟子多为男子；交·释迦也协一系称为“摩觉”（女传觉宇法），后辈弟子多为女子。觉宇派以修习《波若经》《摄经》及《内法》为主。在尸林和空旷的野地修行。流传时代约在 11 世纪末期以后，由于缺乏强有力的经济后盾，且组织松散，15 世纪以后便逐渐失传。

右上图 西藏拉萨色拉寺的喇嘛

右下图 西藏拉萨哲蚌寺后山的玛尼石

上图 西藏日喀则夏鲁寺

左图 明代铜镀金宗喀巴像

中国巴利语系佛教主要派别

润派

中国云南西双版纳和临沧等地傣族小乘佛教宗派之一。据傣文《佛教圣事大记》载，润派佛教是从斯里兰卡传入泰国清迈，经缅甸景栋再传入西双版纳的。因为清迈古称“勐润”（属兰那王国），故称润派。

摆庄派

中国云南德宏等地傣族小乘佛教宗派之一。又称耿龙派。它的信徒最多，信徒无须严格遵守五戒，一般僧侣可食肉、吸烟、乘车骑马、自由出入民家。僧侣教阶分戛备、召商、召门、召吉四等。戛备是初入寺院学习文字及三皈依、五戒的儿童；召商是戛备经过正式佛教晋升仪式后的初级僧侣；召门是能遵守佛教教规，研学佛经，年龄 20 岁以上的中级僧侣；召吉为寺院最高领导，由召门升任，须精通佛经，虔诚于佛教事业。

云南傣族佛塔的塔刹，塔刹是用黄铜片镂空，四周吊以璎珞、铜铃精制而成。塔刹即塔帽，傣语称作“提广母”，是建塔竣工后选择吉日做大“摆”时才罩上的。

日本京都清水寺

多列派

中国云南德宏等地傣族小乘佛教宗派之一。信徒严格持守佛教五戒而不杀生，除报晓的公鸡外，不养家禽。不信奉佛教以外的神祇，但可祀拜外村寺院的佛与僧侣。本村僧侣若后继无人时，可请外村僧侣继承，或亦可改信摆庄、润、左抵等教派。多列派教阶分戛比、召掌、召门、朋吉四等，其中召掌在关门节结束后可请假回家，暂时脱下袈裟过世俗生活。多列派寺院还有尼师（牙诰），等级卑微，处于依附的地位。

敦煌莫高窟第 285 窟南壁（局部），五百强盗成佛因缘部分。

左抵派

中国云南德宏等地傣族小乘佛教宗派之一。创始人洼拉，是缅甸芒海人，为曼德勒比丘。清代末年，左抵派分两支传入云南。一支由仰光传入德宏芒市，另一支由缅甸南罕传入德宏瑞丽和临沧孟定地区。左抵派持戒最严，僧侣终生吃素，过午不食，不杀生，不养畜禽，禁止屠夫入佛寺。睡觉不用垫褥，也不挂蚊帐。佛寺建在村外。允许妇女出家为沙弥尼，但沙弥尼必须严守教规。寺内有专为沙弥尼设置的房子，以便居住和修行。左抵派因持戒过严，难以守持，因此教徒渐少。后来受摆庄派排挤，1915 年由芒市迁往缅甸，云南左抵从此衰落，教徒大多改信多列派。

叁

教义与经典

敦煌莫高窟第 14 窟北壁东起第二幅（局部），如意轮观音变部分。

佛教是与基督教、伊斯兰教并列的世界三大宗教之一。公元前6世纪至前5世纪，释迦牟尼创建于古印度。以后广泛传播于亚洲很多国家和地区，对许多国家的社会政治和文化生活产生过重大影响。

基本教义

原始佛教的主要教义有四谛、缘起、五蕴及无常、无我等。公历纪元前后，大乘佛教兴起，陆续出现一批阐发大乘思想的经典，在理论上发挥了空、中道、实相、六度的学说，对教义有所发展。其中主要的有无住涅槃、缘起性空和唯识说。

佛教传入中国后，教义上有许多创新，主要的有三谛圆融、一念三千及顿悟、十玄、六相和三观等。

原始佛教

释迦牟尼创教及其弟子相继传承时期的佛教。为公元前 6 ～前 5 世纪。释迦牟尼的说教最初是口传的，为了便于记忆，采取偈颂（佛经中的唱颂词）的形式，后来编集为由经、律、论组成的“三藏”。在经藏中近代学者认为真正属于释迦牟尼的教说和最早的经典是《经集》《如是语经》和《无问自说经》，其中也包括一些戒律条文。原始佛教的基本教义是四谛、八正道和十二因缘，核心内容是讲现实世界的苦难和解决苦难的方法。此外又从缘起思想出发，提出了诸行无常、诸法无我和涅槃寂静等学说。后人把原始佛教的修持概括为三十七菩提分法。释迦牟尼反对婆罗门教四种姓的不平等制度，因此，在他所创立的僧团中允许各个种姓和贱民参加；另外还容许教团中包括在家生活的男女信徒，称为优婆塞、优婆夷或在家二众。

四谛

谛，指佛教教义。意思是真理或实在。四谛包括苦谛、集谛、灭谛、道谛。苦谛，主要指三界生死轮回的苦恼。集谛，指积聚感招苦果的业因。灭谛，指想要解脱苦

果，只有除去烦恼业因而达到“寂灭为乐”的涅槃境界。道谛，道为通达之意，也是道路的意思。这种道路是达到寂灭解脱的方法和手段。原始佛教认为道谛就是八正道。依道谛去修行，就能达到寂灭解脱的灭谛。由此途径确实可以达到解脱生死的目的。

缘起

佛教教义。亦名缘生。“因缘生起”的略称。缘，意为关系或条件。所谓缘起，即诸法由缘而起；宇宙间一切事物和现象的生起变化，都有相对的互存关系或条件。佛教常用“此有则彼有，此生则彼生，此无则彼无，此灭则彼灭”来说明缘起的理论。原始佛教用缘起说解释世界、社会、人生和各种精神现象产生的根源。最早的缘起说是十二因缘说，主要解释人生痛苦的原因，后来各派对缘起的认识和解释各有不同。

五蕴

指构成一切有为法（即因缘和合的产物，有生、住、异、灭的“四相”）的五种要素，即色蕴、受蕴、想蕴、行蕴、识蕴。“蕴”译自梵语，意指积集，旧译作阴、众、聚，故五蕴又称五阴、五众、五聚。色蕴指物质的积聚，包含内色与外色。内色是眼、耳、鼻、舌、身五根——我们所依靠生活的根身（身躯）；外色就是色、声、香、味、触五境——所知的外境。受蕴是领取纳受之意，分为身受和心受。身受由五根和五境引起，有苦、乐、舍（不苦不乐）三种感受；心受由意根引起，有忧、喜。想蕴指看、听、接触东西时，会认定所对的境有一定的相貌，然后为它安立名称，生起认识的心理。行蕴是驱使心造作诸业，所造作的行为有善、恶、无记三种心理。识蕴分为八识。它又可分为三种类。一者为心，它集起诸法，并能生起种

种的法。二者为意（我们有一种心念，它一直执著有一个“我”，称为意）。三者为识，即了别（我们的心第一念知觉所对的境，没有加任何的语言去称呼它，称为了别）外境。能够知觉外面境界的心，称为识。有时候，心、意、识总称为心，也称为识蕴。

无常

佛教教义。指世界万有（一切事物和思维概念）都是生灭变化无常的。佛典中常提到的有：①刹那无常，指一切有为法刹那之间有生、住、异、灭的变化；②相续无常，指一切有为法在一定期间相续之上有生、住、异、灭之四相。一种现象的生起称生，事物或现象形成后有其相对稳定性称住，在相对稳定中又无时不在变异称异，现象的消灭称灭。任何事物和现象在一刹那中都具有生、住、异、灭四相。但有时又将无常分为：①众生无常，人生都是无常的，终归要变化以至于消灭的；②世界无常，世界上一切现象都是无常的，无时无刻不在流动变迁中，最后归于消灭；③诸念无常，人们的思维概念都是瞬息万变的。这种无常学说，主要是为反对当时婆罗门教主张宇宙的最高主宰梵是永恒常住的理论而提出的。

无我

佛教教义。亦称非我、非身。佛教根据缘起理论，认为世界上一切事物都没有独立的、实在的自体，即没有一个常一主宰的“自我”（灵魂）的存在。无我分为两类：①人无我（人空），认为人是由五蕴假和合而成，没有常恒自在的主体——我（灵魂）；②法无我（法空），认为一切法都由种种因缘和合而生，不断变迁，没有常恒的主宰者。小乘佛教一般主张人无我，大乘佛教则认为一切皆空，主张法无我。佛教的无我学说，主要为反对婆罗门教的有我论而提出的。

实相

释迦牟尼佛会图

佛教术语。一切诸法的真实体相。又名诸法实相。实，即真实不虚；相，指事物的本性或相状，是佛教所说的绝对真理。佛教认为，宇宙间一切事物都是因缘（条件）组成、变化

无常的，都没有永恒的、固定不变的自体，这就是“空”。这种空就是宇宙万有的“真性”，亦即诸法实相。诸法实相还有真谛、中道、涅槃、法身、法界、佛性、如来藏、般若等种种异名。佛教各派对实相的解释也各有不同，如天台宗以一念三千、三谛圆融的性具说为诸法实相，华严宗以随缘之真如为诸法实相等。小乘以“我空”之涅槃为实相；大乘则以“我空”“法空”之涅槃为实相。

六度

佛教教义。度即渡的意思。是大乘佛教最主要的中心教义。是佛教对由生死此岸度人到涅槃彼岸的各种途径的总称。包括施度、戒度、忍度、精进度、禅度和慧度（般若波罗蜜）。

无住涅槃

佛教名词。亦称无住处涅槃。为度脱一切众生，既不住生死亦不住于涅槃的一种涅槃。据《成唯积论》卷十，这是大乘的最高佛果，小乘只能从“烦恼障”（我执）中得到自我解脱，但大乘还要从“所知障”（法执）中得到解脱，大慈大悲，利乐有情。虽不再流转生死轮回，但不脱离世间。

缘起性空

缘起是说世间的一切事物都是由众缘和合而生起的，性空是说众缘合成的诸法，其性本空，没有真实的自体。

敦煌莫高窟第 303 窟（局部），窟顶人字披东披部分。

一念三千

中国佛教天台宗的基本教义之一。“一念”指“一心”，即心的活动的一刹那间，现实的妄动。“三千”，是千差万别的事物的总称，即一切法。世间在生死流转中的众生可以归纳为六凡法界和超出生死轮回的四圣法界，共成为十法界。六凡法界包括地狱道、畜生道、鬼道（三恶道）和阿修罗道、人道、天道（三善道）。四圣法界包括佛（果位）、菩萨（因地）、辟支佛、阿罗汉。一法界即有十界，一界具有三十种世间，百界就具有三千种世间。这千差万别的三千世间都存在于人的一念之间。可见，佛教认为决定每个人未来苦乐升沉的在于各人的存心行事、所作所为，也就是一切都遵循着因果的规律，而不是由什么主宰宇宙万物者所支配的。

顿悟

佛教教义。佛教关于证悟成佛的步骤和方法。与渐悟相对，指无须长期按次第修习，一旦把握住佛教

真理，即可突然觉悟而成佛。顿悟学说的创立者是东晋、南北朝的道生。顿悟成佛说在当时佛教中是骇俗之论，反响强烈。到了隋唐时期，顿悟、渐悟之争激烈。禅宗主张顿悟说，其余各宗大都主张渐修。禅宗“放下屠刀，立地成佛”的顿悟理论，在佛教中影响很大，对中国的哲学思想，特别是宋明理学也产生很大影响。

六相

中国佛教华严宗重要教义。指总相、别相、同相、异相、成相、坏相。其特点是表达了一切事物圆通无碍、互涉互入。说明了一切矛盾对立着的事物彼此联系而又互相制约。这六相既同时存在于一切事物之中，又同时表现在每一事物之上。六相既是相反的，又是相成的，圆通自在，无碍溶融。

十玄

中国佛教华严宗基本教义。阐明佛教的各法门，彼此是互相关联、互相摄入而又周遍圆融的。首创者为华严宗二祖智俨。华严宗的实际创宗人法藏，也提出十玄之说，与智俨所立十玄在名称与次序上略有改动，内容基本一致。后世称智俨所立为古十玄，法藏所立为新十玄。

三观

中国佛教华严宗的观法。即空观、假观、中观。观，梵语音译毗钵舍那，意思是以智慧专心观想佛或法等特定对象，致力于证悟。观法是将理论性的教理付诸实践的方法。类似用语有观、修观、观念、观想、观行、观察、观门等，总称观法。

渐悟

佛教教义。指须经顺序修习，而渐入彻悟境地。又作渐了。与顿悟相对。

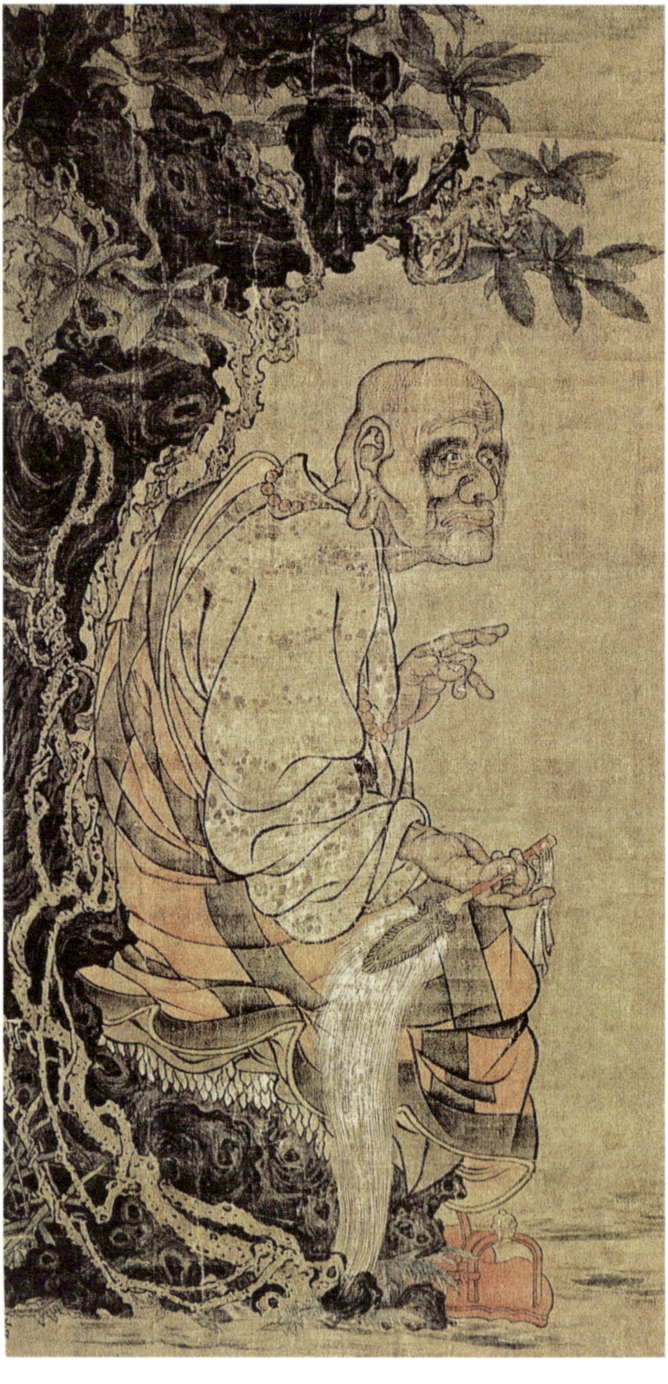

上图　藏族吉祥八宝绘画：海螺。佛经载，释迦牟尼说法时声震四方，如海螺之音。故今法会之际常吹鸣海螺。在西藏，以右旋白海螺最受尊崇，被视为名声远扬三千世界之象征，也即象征着达摩回荡不息的声音。

右图　《十六罗汉图·迦诺迦伐蹉》。据《佛说阿罗汉其德经》，迦诺迦伐蹉尊者是亲耳聆听过佛祖言教的弟子，是古印度的一位雄辩家。图中罗汉手执拂尘坐于槐树根上，项挂念珠，双眉垂至颊下，一手执麈尾，一手做着手势，似正在和人辩论。《十六罗汉图》相传为贯休所作。贯休（832～912），唐末五代初画家、诗人，和安寺僧。俗姓姜，字德隐，一字德远，婺州兰溪（今属浙江）人。

经典

敦煌莫高窟第 45 窟南壁（局部），观音变部分。

佛教典籍共计分为经、律、论三藏。“藏”的原意是可以盛放东西的竹箧，有容纳、收藏的含义，佛教用以概括全部佛教典籍。经是释迦本人所说的教义；律是佛陀为教徒制定的必须遵守的规则及其解释；论是为阐明经、律而做的各种理论的解释和研究。尚有一部分佛教僧侣、学者对三藏所做的注疏、撰述，称为“藏外典籍”。三藏在南北朝时称“一切经”，隋代以后称“大藏经”。

大藏经按语系划分，一般认为有三大系统：巴利语系、汉语系、藏语系。梵文经典只有少量残存于尼泊尔、印度和中国。近年来，中国新疆和克什米尔又发现了一些，主要是大乘经典。

巴利语系大藏经

巴利语系大藏经流传在斯里兰卡、缅甸、柬埔寨、老挝、印度、泰国和中国云南的傣、布朗和德昂等少数民族地区，主要是上座部佛教的经典。现存的最完善版本巴利语系大藏经，是 1954 ~ 1956 年间缅甸政府召集的第六次结集时勘定的。另外，这个体系也包括用僧伽罗文、泰文、缅甸文、高棉文和老挝文等译出的佛典。

汉语系大藏经

汉语系大藏经流传在中国汉族地区和朝鲜、日本、越南等国，主要内容为翻译印度的佛教经、律、论和中国、朝鲜等国僧人的撰述。汉语系的佛经大部分是从梵文译出的，一部分是从巴利语或西域语言（胡语）译出的，版本甚多。第一次刻本是宋开宝四年（971）所刻的《开宝藏》。后历宋、辽、金、元、明、清各代，有22种刻本和排印本，另外朝鲜和日本也刊行多种。据《开元释教录》载，入藏的经典有1076部，5048卷，其中属于大乘经、律、论的638部，2745卷；属于小乘的330部，1762卷。又据元代《至元法宝勘同总录》载入藏经典为1532部，5814卷。日本《大正新修大藏经》（1932）共收3493部，13520卷。当代中国编纂的《中华大藏经》，收23000余卷，从1984年起陆续出版发行。

藏语系大藏经

流传在中国藏、蒙古、土、羌、裕固等民族，以及尼泊尔、不丹、锡金（今属印度）、蒙古、苏联西伯利亚（今属俄罗斯）地区，内容分为甘珠尔、丹珠尔、松绷三大类。甘珠尔又名正藏，收入律、经和密咒三个部分；丹珠尔也称续藏，收入赞颂、经释和咒释三个部分；松绷即杂藏，收入藏族、蒙古族佛教徒有关著作。藏文大藏经自1313～1939年，各地共刻出11种不同的版本。

另有从汉语或藏语转译的蒙古文大藏经、满文大藏经和西夏文大藏经。

大藏经

大藏经的编纂，始于释迦牟尼涅槃不久，弟子们为保存他的说教，统一信徒的见解和认识，通过会议方式的结集，形成一致公认的经、律、论内容。其后又增加了有关经、律、论的注释和疏解等“藏外典籍”。原始佛教分裂后，各大派别大多按照自己的观点编有本派的藏经，只有上座部的三藏比较完整地保存下来，其他部派的典籍除了在汉文译本中保存一部分外，基本上都散佚了。早期的梵文经典现只剩下少数零散贝叶本或纸写本。现存的大藏经，按文字的不同可分为汉文、藏文、蒙古文、满文、西夏文、日文和巴利语系等 7 个系统。曾有过契丹文大藏经的刻造，但尚未发现传世的刻本。

结集

佛教名词。意为合诵或会诵。即由佛教徒集会，对释迦牟尼学说进行会诵，经过讨论、甄别、审核，最后用文字确定下来，成为经典。这种会议称为结集。相传现有佛经经过 4 次结集。第一次结集传说在释迦牟尼涅槃后不久，以其著名弟子大迦叶为首的 500 位僧人，在王舍城外毗婆罗山的七叶窟进行。这次结集诵出经律两藏。第二次结集在王舍城结集后 100 年左右，以耶舍为首的 700 位僧众，在毗舍离进行结集。由于参加此次结集的多为佛教长老，又称为上座部结集。此次结集审定律藏。第三次结集在公元前 3 世纪阿育王时期，以目犍连子帝须为首的 1000 位僧众，在华氏城（即波多厘子城）进行，使古典佛经最后定型。第四次结集，北传佛教认为在贵霜王朝的迦腻色迦王时期。公元 1 世纪，以胁尊者为首的 500 人在迦湿弥罗（今克什米尔地区）进行。南传佛教认为是公元前 1 世纪在斯里兰卡举行的 500 位

《元官刻大藏经》（简称《元官藏》）是一部历代未见著录的元代官刻大藏经，存世实物极少，国内以云南省图书馆的收藏最多，共有 32 卷（册）。

《灵鹫山释迦讲经图》，唐代刺绣，甘肃敦煌莫高窟第 17 窟出土，现藏于英国伦敦大英博物馆。这幅刺绣图描绘的是释迦牟尼佛在王舍城的灵鹫山山顶讲解《妙法莲华经》的情景。

僧人结集。这次结集首次把巴利语三藏辑录成册。近代，缅甸、泰国等地僧人也有结集活动。

《开元释教录》

佛教经录。唐智昇编纂，20 卷，“略出”4 卷，共 24 卷。简称《开元录》。成书于开元十八年（730）。以编次严谨，记载翔实，校核精细著称。分为总录和别录两大类，各为 10 卷。总录又名《总括群经录》，内容以时代为序，记载由东汉至唐代译师 176 人所出及失译经籍目录，并附有译人传记和古今诸家目录。“略出”4 卷内容和大小乘经籍入藏目录相同，但采用千字文为序的编目方法。这一方法是智昇首创，便于众多佛典的整理、庋藏和检索，在当时是比较科学的方法，以后各种不同版本的汉文大藏经的编定，都遵循这一编目方式。

《至元法宝勘同总录》

佛教经录。元代庆吉祥等 29 人奉诏撰集，10 卷。简称《至元录》。至元二十二年（1285），元世祖敕命召集通达诸方语文、义学的僧人集于大都（今北京），对勘汉藏两种《大藏经》的异同，历时 3 年完成。总计收录《开元释教录》等所列三藏共 1440 部 5586 卷。其特色是有汉译藏经与西藏藏经的对照，经律论题目均附梵名。

《满文大藏经》大般若经第十卷插图，清乾隆五十九年（1794）的木版画。

蒙古文大藏经

藏文大藏经的蒙古文译刻本。又名《如来大藏经》或《番藏经》。先后 4 次译刻。最早是元大德（1297 ～ 1307）年间在萨迦派喇嘛法光主持下，由西藏、蒙古、回鹘和汉族僧众将藏文大藏经译为蒙古文，在西藏地区雕造印刷。明清两代都有校勘重刻。现存的汉文甘珠尔目录分为秘密经、大般若经、第二般若经、华严经、诸品经、律师戒行经等 10 类，共 999 部，105 卷。

满文大藏经

汉文大藏经的满文选择编刻本。又称国语译汉全藏经或国语译大藏经。于清乾隆三十八年（1773）根据汉文大藏经编次和内容翻译。乾隆五十五年编译刻完，计 108 函，只收入般若、宝积、大集、华严、涅槃诸部和其他大、小乘单译经及密秘部经咒等共 699 种。

四川德格印经院印丹珠尔的场面

西夏文大藏经

汉文大藏经的西夏文译刻本。宋景祐元年（1034），《开宝藏》传到西夏（可能是《开宝藏》的天禧修订本），西夏的开国君主赵元昊于兴庆府建造高台寺加以收藏，并召集回鹘僧人译为新创造的西夏文。先后历时 53 年完成，共 362 帙，812 部，3579 卷。元代重新校勘并翻译未译的经籍，印制三藏新经。但现在大多毁损无存，各地发现的经论残卷仅数十种。

敦煌莫高窟第 45 窟南壁（局部），
观音变部分。

肆

僧伽制度

佛教是与基督教、伊斯兰教并列的世界三大宗教之一。公元前6世纪至前5世纪，释迦牟尼创建于古印度。以后广泛传播于亚洲很多国家和地区，对许多国家的社会政治和文化生活产生过重大影响。

僧伽制度是出家僧尼共同遵守的制度、规定及传统习惯。相传释迦牟尼成道后，到鹿野苑为憍陈如等五人三转四谛法轮，同时始建僧团。但此时还未制戒，还没有传戒所规定的僧数。根据《毗奈耶》[1]卷一所述，释迦“证觉”[2]后第13年有苏阵那犯过，始与诸比丘结戒，创制波罗夷（意译为弃，即弃于佛法之外）不共住戒法。以后比丘越来越多，犯过失的也随之增多，于是陆续制定相应的禁戒，逐渐形成系统而完备的律制。佛教分成上座、大众两个部派以后，南传佛教奉行上座部律，至今不衰。由于对律制的理解和奉行渐有差异，因而各国佛教又分成若干派别，僧伽除了有共同遵奉的戒律外，

1 编者注：三藏之一，指佛所说的戒律。

2 编者注：指证得佛道，觉悟真理。

印度瓦拉纳西鹿野苑的释迦牟尼初转法轮遗址

还有适应本国情况的僧团制度。有的国家还设有管理全国僧伽事务的僧王、僧议会和僧内阁或大长老会等。三国魏嘉平年间，大众部的《摩诃僧祇律》戒本传入中国，北传佛教僧众当时奉为准绳。后律典翻译渐多，从东晋到宋、齐、梁时代，中国僧众主要奉行说一切有部《十诵律》。后因提倡法藏部《四分律》的人增多，唐道宣便依据《四分律》建立律宗。此后汉族地区僧众一直奉行此律。

中国藏族、蒙古族等地区佛教都奉行说一切有部律，有些寺庙还订立清规。如格鲁派拉萨三大寺（甘丹寺、哲蚌寺、色拉寺），都有自家的清规，它们设有“堪布”（相当于汉地丛林的“住持”）、“翁则”（负责领众念诵修持，相当于汉地丛林的“维那”）、“格贵”（蒙古族佛教叫“格斯贵”，俗称“铁棒喇嘛”，监察僧众勤惰，相当于汉地丛林的“僧值”）、“涅巴”（管家，职掌库房财务等）、“强佐”（管理札仓行政事务和财产）等职分司各事。

中国傣族等地区巴利语系佛教的最高领袖称“松迪阿伽摩尼”，寺院住持称“都龙”，奉行的律部和僧制，与南传缅甸上座部佛教大同小异。

日本佛教的律制主要是中国唐代鉴真传去的，也是《四分律》。后来有些寺院又传中国寺院的清规。日本佛教管辖一宗一派的首领一般称“管长”，但有些宗派如天台宗称“座主”，西本愿寺派称“门主”，大谷派称“法主”等。天台、真言、禅、净等各宗各派也都各有自家的规制。

鹿野苑

古印度佛教遗址。传为释迦牟尼在菩提伽耶得道成佛后第一次讲法（初转法轮）处。又名仙人论处、仙人住处、仙人鹿园等。在今印度北方邦瓦拉纳西西北约 10 千米处。

法轮

可译为正法之轮，是将佛法比作转轮圣王的轮宝。印度传说，轮王出世，轮宝自现，轮宝引导轮王转向四天下，诸小国王无不心悦诚服，兵不血刃而统一天下，实行仁政。同时，轮为兵器之一，亦以破敌为主。释迦牟尼用其所证的正法（释迦牟尼最初说法，即四圣谛、八正道）之轮，公布天下，利益群生，破碎异论邪说，所以取喻称为法轮。转法轮即指释迦牟尼为令众生得道而说法。

憍陈如（生卒年不详）

释迦牟尼最初度化的五比丘之一。又作阿若多憍陈那、阿若憍邻、阿若俱邻、憍陈那、拘邻、居伦等，或单称陈如。他是中印度迦毗罗城的婆罗门种，擅长占相之术，悉达多太子诞生第五日时，曾预言太子必将成佛并救度人类。憍陈如与另外四人受净饭王之托陪伴太子出家修苦行，后见太子废苦行接受村女的乳糜，便与其他四人离太子而去。释迦牟尼成道后，憍陈如在鹿野苑见到释迦牟尼的庄严威仪，又闻其说法，于是率先皈依。相传憍陈如是五比丘中最先得悟释迦牟尼所说的法，即《三转法轮经》的。由于释迦牟尼曾赞叹他已经开悟，所以后来僧团中人称呼他时，都在他的姓氏“憍陈如”之前，加上具有“已知者”意义的赞美之词“阿若”。他是“五百罗汉”中的第一位。

三转四谛法轮

佛初说法，称为三转四谛法轮。释迦牟尼最初在鹿野苑为憍陈如等五比丘宣说四谛法，是转法轮之始，称为初转法轮。四谛指苦谛、集谛、灭谛、道谛。三转指示转、劝转、证转。这是释迦牟尼初转法轮的一个纲要。

苏阵那（生卒年不详）

苏阵那在出家期间，他的母亲为了家中财产有后代继承人，找一年轻妇女，到苏阵那修行处，想让她与其和合怀子。苏阵那见到妇人欲火焚身而脱去僧衣与其行淫，遂生得一子，后被释迦牟尼苛责犯重戒。

《观无量寿经变之“十六观”》(局部)，唐壁画，敦煌莫高窟第66窟。

结戒

结成戒律而护持，或指制定戒法。“戒”指戒律，即防止行为、语言、思想三方面的过失。学佛者必须修持的三种基本学业（戒、定、惠）之一。

波罗夷不共住戒法

比丘（尼）戒法之一。此法为戒律中的根本极恶戒，是开除不共住的弃罪。比丘（尼）若犯此法（杀、盗、淫、妄），则丧失其比丘（尼）的资格，无法再生活于僧团之中，死后入地狱。此罪如同断首之刑，不可复生，永远被弃之于佛门之外。

《摩诃僧祇律》

佛教戒律书。简称《僧祇律》，意译《大众律》。东晋佛陀跋陀罗与法显共译，40 卷，是印度佛教大众部所传的广律。全书分为比丘戒法和比丘尼戒法两大部分。卷一至卷三十五为比丘戒法，列举比丘戒 218 条，杂诵跋渠法 113 条，威仪法 50 条；卷三十六至卷四十为比丘尼戒法，列举比丘尼戒 277 条，杂跋渠法 34 条。此律多处含有大乘经意，为大乘说法的萌芽。

《十诵律》

佛教戒律书。又称《萨婆多部十诵律》。后

秦弗若多罗（《十诵律》传持祖师之一。生卒年不详，北印度罽宾国人）和鸠摩罗什等译。61卷。相传律文原有八十诵，大迦叶（释迦牟尼十大弟子之首，为传法初祖）传承以后至第五师优波掘（阿育王时代的佛教大师）删为十诵。在传入中国的四部广律中，此律翻译弘传最早。晋、宋、齐、梁、陈、隋之际盛行。唐中宗时被明令禁用。此律梵本至今未见。注疏皆已佚失，仅存书目。

《四分律》

佛教戒律书。亦称《昙无德律》。原为印度上座部系统昙无德部（法藏部）所传戒律。佛陀耶舍（东晋译经家。生卒年不详。北印度罽宾国人）与竺佛念（东晋高僧。生卒年不详。凉州即今甘肃武威人）共译。60卷。内容主要是从身（行动）、口（言论）、意（思想）三个方面对出家比丘、比丘尼的修行及日常衣食坐卧规定详细的戒条，并对违犯者制定出惩罚制度。唐代道宣以《四分律》为宗旨，创立律宗。此后在南北各地盛行，成为中国古代最有影响的佛教戒律。直至现代，汉地佛教僧尼受戒持戒都一直奉行此律。

道宣（596～667）

唐代僧人。南山律宗创始人，佛教史学家。俗姓钱。原籍丹徒（今属江苏），一说长城（治所在今浙江长兴）。16岁出家。先后随日严寺慧頵、大禅定寺智首学律。后住于终南山仿掌谷（长安之南），营建白泉寺，整理他10余年学律心得。曾至各地讲说律学，亦参与玄奘的译场。著作甚多，据《宋高僧传》卷

十四记载，共有 220 多卷，如《四分律删繁补阙行事钞》《四分律拾昆尼义钞》等。他的学说在当时风靡整个佛教界，以后所有律家几乎都以他的著作为标准。道宣在终南山创设戒坛，制定了佛教授戒仪式。将佛教分为化教与制教，以定慧二字为化教，戒学为制教。中国僧尼至今仍以道宣律学为行持楷则。

住持

住持语义为“安住之、维持之”。原意指代佛传法、续佛慧命之人，后被用来指称各寺院的主持者或长老。此词用在寺职称谓时，又称寺主或院主。由于住持的住处称为“方丈”，所以“方丈”一词亦被引申为住持之意。相传住持一职为唐代百丈山怀海所创。

维那

寺中统理僧众杂事的职僧。又作都维那，旧称悦众、寺护。古来大寺院皆设三纲，即上座、寺主、维那，由维那统御住僧。

僧值

即值日僧。亦名纠察。原无实位，取僧众轮值之义，亦取僧中最直之意。担当此任者代方丈监察其所不及。

《道宣律师像》南宋佚名作品，日本京都泉涌寺藏。

鉴真（687 ~ 763）

唐代律宗僧人。俗姓淳于，扬州江阳县（今江苏扬州）人。14 岁出家。先后至洛阳、长安参学，究学三藏，对律藏造诣尤深。后归扬州，在大明寺讲律传法。此外，鉴真在佛教建筑、雕塑、医药学等方面也造诣很高。天宝元年（742）应日本邀请去日传戒，但从当年开始至天宝七年，先后 5 次率众东渡都失败了，并双目失明。天宝十二年第六次东渡，终于到达了日本九州，次年二月至平城京（今奈良），随即为君民上下传授菩萨戒，又为日僧重授戒法，从此日本始有正式的律学传承，鉴真被尊为日本律宗初祖。此外，他与弟子采用唐代最先进的工艺所建的唐招提寺建筑群，是日本现存天平时代最大最美的建筑。其弟子为他制作的写真坐像被日本奉为国宝。鉴真还被日本人民奉为医药始祖。日本豆腐业、饮食业、酿造业等行业技艺也认为是鉴真所授。

哲蚌寺

藏传佛教格鲁派寺院。是格鲁派最大的寺院。全名吉祥米聚十方尊胜洲。位于西藏自治区拉萨西郊更丕乌孜山下。明永乐十四年（1416），宗喀巴弟子绛央却杰主持修建。建成后他任第一任堪布（主持者）。由最初的 7 个弟子，分别形成该寺 7 个札仓。后来发展为格鲁派实力最雄厚的寺院。最盛时期寺僧编制为 7700 人。三世达赖喇嘛索南嘉措 1546 年作为该寺的第一个活佛被迎请入寺。五世达赖喇嘛罗桑嘉措受清朝册封之前，一直住在该寺（后移住布达拉宫）。由于历世达赖喇嘛皆以哲蚌寺为母寺，因此该寺在格鲁派寺院中地位最高。

色拉寺

藏传佛教格鲁派寺院。全名色拉大乘洲。位于西藏自治区拉萨北郊的色拉山麓。明永乐十六年（1418）由宗喀巴弟子、明永乐帝钦封大国师绛钦却杰兴建。宣德九年（1434）该寺落成后，绛钦却杰应召赴北京，受到明廷隆重礼遇，封为大慈法王。至今寺内还收藏着当时钦赐的贵重礼物，其中有用金泥书写的《大般若经》，朱砂汁书写的汉藏对照大藏经，白檀香木雕刻的十六尊者造像，以及用金汁画的释迦牟尼转法轮卷轴画等。全寺由措钦大殿、3 个札仓、30 个康村组成。全盛时期的编制，僧人定额为 5500 人，仅次于哲蚌寺。色拉寺有许多下属寺院、惹坠（修行寺）、喇让（活佛公署）等，分布在卫藏各地，著名的如热振寺、策默林、帕邦卡等。

左图 色拉寺大殿

右图 哲蚌寺内景

甘丹寺

藏传佛教格鲁派寺院。与哲蚌寺、色拉寺合称拉萨三大寺。是格鲁派的第一座寺院。全名喜足尊胜洲。位于西藏自治区拉萨东达孜县旺古尔山。明永乐七年（1409），格鲁派创始人宗喀巴主持兴建。该寺曾有措钦大殿、札仓（经学院）、康村（寺庙组

甘丹寺外景

织)、米村(札仓下属的学经单位和管理机构)、佛堂僧舍等 50 余组建筑,僧人定额为 3300 人。寺内保存有明清两代许多珍贵文物。宗喀巴的灵塔也建于寺内。该寺住持,藏语称甘丹赤巴,宗喀巴首座弟子贾曹杰接替宗喀巴法位,为首任甘丹赤巴,其后,每 7 年一任。甘丹赤巴名义上是甘丹寺座主,实际上具有格鲁派教主地位。

佛教出家五众

比丘

佛教出家五众之一。梵语的音译，意思是“乞士”。因初期以乞食为生而得名。指年满 20 岁、受过具足戒的男性僧侣。中国俗称和尚。

比丘尼

佛教出家五众之一。梵语的音译，意思是“乞士女”。指年满 20 岁、受过具足戒的女性僧侣。中国俗称尼姑。

沙弥

佛教出家五众之一。梵语音译略称，意思是“勤策男”等。指 7 岁以上 20 岁以下依照戒律出家，已受十戒但未受过具足戒的男性修行者。中国俗称小和尚。

柬埔寨吴哥神庙的
小和尚

沙弥尼

佛教出家五众之一。梵语音译略称，意思是“勤策女”。指 7 岁以上 20 岁以下依照戒律出家，已受十戒但未受过具足戒的女性修行者。中国俗称小尼姑。

式叉摩那

佛教出家五众之一。梵语音译，意思是“学戒女”“学法女”等。为年满 20 岁的沙弥尼在受具足戒前两年受六法时的称谓。

敦煌莫高窟第 257 窟北壁（局部），须摩提女因缘故事部分。

伍

佛事仪式与节日

佛教是与基督教、伊斯兰教并列的世界三大宗教之一。公元前6世纪至前5世纪，释迦牟尼创建于古印度。以后广泛传播于亚洲很多国家和地区，对许多国家的社会政治和文化生活产生过重大影响。

佛事仪式

佛事仪式原是释迦时代所行的宗教活动，传到中国后演变为应赴社会的经忏、佛事等一套固定仪式，主要有忏法、水陆法会、盂兰盆会、焰口等。藏族地区的佛事仪式，其诵经说法、传召大会等显宗法事与汉族地区佛教基本相同。另外还有密宗的传法灌顶和修法等仪式。傣族地区佛事仪式则或多或少带有当地居民固有的鬼神崇拜和精灵崇拜等痕迹。

敦煌莫高窟第 428 窟东壁门南（局部），萨埵太子本生部分。（吴健／摄影）

忏法

原是佛教徒忏悔罪过的仪则和行法。起于东晋，盛行于宋、齐、梁、陈。梁武帝亲制《六道慈忏》自行。后经元代智松重订，为近世通行的《慈悲道场忏法》（世称《梁皇忏》），10 卷。唐代知玄抄略《圆觉经道场修证仪》而成《慈悲水忏》3 卷，也一直流行到今。流行最广、影响最大的是宋知礼所集《千手千眼大悲心咒行法》（世称《大悲忏》）1 卷。清代读体加以删订重纂，以礼拜持咒、忏悔发愿和归向净土等为主要内容，形成现今通行本。此外，还有修净业的《净土忏》，做延生的《药师忏》等。

水陆法会

略称水陆，或名水陆道场、悲济会等，是一种隆重而盛大的佛事仪则。据记载，梁武帝梦中得神僧启示，又得宝志劝说，因而披阅大藏，创立仪文，于天监四年（505）在润州（今镇江）金山寺修建水陆法会。宋代以后开始在全国盛行。现行水陆佛事分内外坛，以内坛为主（主法、正表、副表各一人），悬挂毗卢、释迦、弥陀等像，陈设香花灯烛等供品。外坛有“梁皇忏”（24 人）、“华严”（2 人）、“法华”、“诸经”、“净土”（以上三坛各 7 人）、“施食”（晚夜进行，人由各坛调配）等坛。全部法事一般以七昼夜为期（内坛也有从第三日开始进行五昼夜的）。其程序为第一日洒净结界、遣使建幡，以后依次为请圣（请上堂）、奉浴、供上堂、请赦、请下堂、奉浴、皈戒、供下堂、亲祝，至第七日以普供上下堂和送圣而告终。施食坛从第一日起每夜放焰口一台，至第六日夜由内坛水陆法师和各坛僧众一起放五方焰口。

盂兰盆会

汉地佛教地区每年农历七月十五日举行的超度历代宗亲的佛教仪式。盂兰盆为梵文音译，意为救度亡灵倒悬之苦。原是依据《盂兰盆经》目连救母的故事而起。始于梁大同四年（538），梁武帝萧衍在同泰寺设盂兰盆斋。从此成为风俗，历代帝王及群众无不举行，以报德。唐代盛行，并有音乐仪仗。入宋以后，转变为以盆施鬼，逐渐形成以放焰口施饿鬼食为主，取代了盆供，盂兰盆供的富丽庄严和供佛及僧的意义减弱，荐亡度鬼成了盂兰盆会的主要行事。

焰口

根据《救拔焰口饿鬼陀罗尼经》而举行的一种佛事仪式。经中说阿难在定中受到饿鬼的警告而去请示释迦牟尼，释迦牟尼说诵施食经咒，解除诸饿鬼痛苦。此经由唐代僧人不空译出，唐末即失传。宋代诸名僧取显教经中的真言加以观想，编撰施食仪，推行此法。元人所译藏经中有《瑜伽集要焰口施食仪》1 卷，内容从严饰道场，备办香花、饮食、净水、皈依上师三宝开始，到金刚萨埵百字咒止，主要是持诵有关供养、施食、灭罪、发菩提心、入观音定等真言佛号和结印观想。仪后还附有十类孤魂文和三皈依赞，为以后通行仪轨的基础。

灌顶

密教的仪式之一。原为古印度帝王即位及立太子的仪式。佛教加以采用，凡入门或承继阿阇梨位者，须先经师父以水灌洒头顶，故名。

传法灌顶

密教最重要的仪式之一。又称阿阇梨灌顶、付法灌顶、传教灌顶等。是指选择学德

俱佳堪受大任的弟子，引其入灌顶道场，执花投曼荼罗，后传授两部秘法，授予师位之灌顶。自此之后，即成为具有传法资格的阿阇梨（灌顶及传法灌顶的导师）。传法灌顶有 3 种，即印法灌顶、作业灌顶、以心灌顶。一期道场之中，可同时为 3 位、6 位或 9 位弟子行此灌顶，最多不得超过 10 人。

修法

密教用语。指依仪轨而修习各种密法，即奉上各种供物而修护摩（密教修持法），依所定规则，口唱真言，手结印契，心持念本尊（指某一宗派或某一寺院的主要崇拜对象。或指西藏佛教徒所修法门所属的主尊。藏传佛教的修行者，必须选择某一佛、菩萨或护法为其一生中所主要供奉、学习的对象，并专学其法），行者与本尊融成一体，以获得所期望成果。依其目的，有增进寿命福德的增益法、去除灾害与苦难的息灾法、获得佛菩萨与君主爱护而令亲友众人互生慈爱心的敬爱法，以及降伏恶人恶心的调伏法，这 4 种加上召请本尊的钩召法，成为 5 种修法。

重庆大足石刻释迦牟尼涅槃像（局部）

主要节日

佛教的主要节日有佛诞节（亦称浴佛节）、成道节（亦称佛成道日、腊八节）、涅槃节、观音节（中国汉族地区于农历二、六、九三个月的十九日为纪念观音的节日）、世界佛陀节（亦称维莎迦节，即南传佛教将释迦的诞生、成道、涅槃并在一起纪念的节日）、驱鬼节和跳神节（藏族地区佛教节日）、泼水节（傣族佛教节日）、佛牙节（斯里兰卡的佛教节日）等。有些节日已成为民俗。

敦煌莫高窟第 323 窟南壁（局部），是佛浮江部分。

佛诞节

纪念释迦牟尼诞生的佛教节日。又称浴佛节。浴佛的仪式始于印度，是从求福灭罪的一种宗教要求传衍而来。随着佛教传入中国，浴佛仪式也很早在中国流传了。东汉时仅限于寺院举行，两晋南北朝时流传至民间。浴佛时间在史籍中有不同记载，元代以后统一为农历四月八日举行。节日这天，佛教徒举行诵经活动，并根据释迦牟尼出生时有 9 条龙口吐香水洗浴佛身的传说，用各种名香浸水，灌洗释迦太子诞生像，以表示庆祝和供养。

成道节

纪念释迦牟尼成道的佛教节日。又称佛成道日、腊八节。关于佛成道之日有多种说法，南传佛教大致在五月初左右，中国、日本对成道日也有二月八日、三月八日、三月十五日、四月八日、五月八日等说法。禅宗以十二月八日为成道日，大约自宋代起，即于此日举行成道会纪念释迦牟尼在菩提树下悟道。中国佛教徒依禅宗之习，于腊八（农历十二月八日）以米及果物煮粥供佛，称作“腊八粥”，后演变成民间习俗。

涅槃节

纪念释迦牟尼逝世的佛教节日。由于南北传佛教对释迦牟尼生卒年月说法不一，故这一节日的时间也不一样。北传佛教认为释迦牟尼死于公元前485年2月15日。

观音节

纪念观世音菩萨的佛教节日。观世音，简称观音。因时常观察世人称念他的名号或痛苦的声音而去垂救而得名。逢每年农历二月十九观音生日、六月十九观音得道日、九月十九观音过南海日三日，佛教徒都进行纪念活动。

维莎迦节

将释迦牟尼出生、得道、涅槃3个日子并在一起纪念的佛教节日。时间在印历维莎迦月（公历5月）的月圆日。维莎迦节被全世界佛教徒视为最神圣的佛教节日。2002年经斯里兰卡提议并得到佛教国家赞同，联合国宣布将维莎迦节定为国际纪念日。

驱鬼节

藏族地区佛教节日。每年藏历十二月二十九日，拉萨的布达拉宫就举行一次盛大的跳神活动，各个寺庙也举行类似的活动。家家户户扫净灰尘，将房屋布置一新。人们认为新年将到，一些妖魔脏物必须清除，以求风调雨顺，人寿年丰。

跳神节

藏族地区佛教节日。每年藏历十二月二十九日举行。届时，拉萨布达拉宫和木鹿寺分别进行“跳神驱鬼”活动。在布达拉宫的叫“宫内跳神”，在木鹿寺的称“木鹿跳神”。由喇嘛扮成神佛鬼怪，绕行大昭寺，鸣枪呐喊除祟。有除旧岁、迎新年的意思。

泼水节

中国傣族的佛教节日。亦是新年节日。时间在傣历六月六日至七月六日之间推移，即公历4月中旬。节日活动持续3天或4天。节日第一天清晨，人们沐浴盛装，到佛寺堆沙造塔，浴佛听经，然后互相泼水祝福。节日期间还举行赛龙舟、放火花、点孔明灯等活动。夜晚人们纵情歌舞，欢呼声不绝。柬埔寨、泰国、缅甸、老挝等国也有泼水节的习俗。

《涅槃图》，南宋周四郎绘，
日本爱知县中之坊寺藏。

佛牙节

斯里兰卡最重要的佛教节日。在斯里兰卡中部山区佛教圣地康提，佛教界每年 8 月 1 日举行历时 12 天的佛牙节，每晚 8 至 11 时举办场面盛大的佛牙游行。佛牙舍利，被视为斯里兰卡的国宝。据斯里兰卡佛牙史记载，此枚佛牙 4 世纪时由印度羯陵伽国传入，并受到最高礼敬。14 世纪初，南印度泰米尔人入侵并劫取佛牙。波洛卡摩婆诃王三世（1302 ～ 1310 年在位）时，以和平方式迎回佛牙。其后，国内战乱不止，佛牙亦随之不断迁地密藏。1505 年葡萄牙人登陆斯里兰卡，迫害佛教信仰者。斯里兰卡王都迁至康提市，建佛牙寺供奉佛牙。

陆

文化艺术

敦煌莫高窟第 272 窟（局部），殿堂窟部分。（吴健／摄影）

佛教文化艺术包括文学、美术、音乐、建筑等，主要用于表现佛教信仰和宗教生活。古印度佛教文化随着佛教的发展取得了较高的艺术成就，随着佛教的传播而传向世界各地，并与当地文化相结合，成为它们民族文化的组成部分。

文学

数千卷印度佛典，如《维摩经》《妙法莲华经》《楞严经》等，本身就是瑰丽的文学作品，向为文人所喜爱。《百喻经》已被译为多种文字，其中的譬喻故事被认为是世界文学中的珍品。印度叙述佛陀前生的《本生经》(《本生谭》)是著名的传记文学。马鸣的《佛所行赞》是印度著名的长篇叙事诗之一。其他如佛教典籍中的偈颂、赞、散文、故事、俗讲、变文、语录、传记、游记、文集等，均为优美的佛教文学作品。中国、日本、斯里兰卡等国很多著名的文学作品，都是在佛教的影响下，汲取本国传统文学的艺术形式，逐渐形成的一种独具风格的文学作品。它带来了新的意境、新的文体和新的命意遣词方法。《维摩经》《百喻经》等，鼓舞了中国晋、唐小说的创作；俗讲、变文与后来的平话、小说、戏曲等中国通俗文学的形成，有一定的渊源关系；禅宗语录不仅为宋明理学家所仿效，也影响到后来的民间文学作品。

《百喻经》

汉译佛经。是用寓言以申教诫的一部著作。5 世纪印度僧人僧伽斯那著，其弟子求那毗地于南齐永明十年（492）译成汉文。共 4 卷。又称《百句譬喻经》《百句譬喻集经》《百譬经》《百喻集》。本经集录有关善恶罪福报应的故事，以寓言形式，用 100 个（今存 98 个）事例来说明佛教的基本教义。大部分故事以一般民众为对象。内容包括：愚人食盐喻、妇女欲更求子喻、入海取沉水喻、毗舍阇鬼喻等。

《本生经》

汉译佛经。西晋竺法护译，5 卷。主要是佛教各派流传的有关释迦牟尼在世事迹的通俗故事，共 55 个。其中《佛说救甥经》《佛说五仙人经》《佛说鳖喻经》《佛说鳖猕猴经》《佛说夫妇经》《佛说兔王经》等，歌颂美好、机智、勇敢、善良和正义，很有教育意义。

马鸣和他的《佛所行赞》

马鸣（约1～2世纪）是古印度佛教理论家、诗人。原是婆罗门教信徒，后遇佛教著名学者胁尊者而改信佛教。他的佛教理论既阐述小乘佛教基本教义，也提倡大乘缘起性空的思想，反映了小乘向大乘过渡的内容，因此中国和日本有些佛教学者认为他是大乘佛教的创始人。他写过不少诗篇和剧本，其中《佛所行赞》叙述了释迦牟尼一生事迹，把宗教故事、宗教理义用诗歌形式巧妙地表达出来，在印度文学史上占有重要地位。这部诗歌体的典籍在古代流传很广，影响很大。现已有现代汉语译本。

敦煌莫高窟第 148 窟东壁门南（局部），观无量寿经部分。（宋利良／摄影）

敦煌莫高窟第 249 窟（局部），西魏伎乐天壁画部分。

偈颂

佛经中的唱词。每句三字、四字 、五字 、六字 、七字以至多字不等，通常以 4 句为一偈。亦多指释家隽永的诗作。又称“偈子”。

赞

佛经中佛教徒歌颂释迦牟尼及其他佛陀的文辞。

俗讲

古代寺院讲经中的一种通俗讲唱。随着佛教的传播，印度佛教徒在诵经中讲说和歌唱并用的方式也传到中国。唐代，僧侣将佛经译成文雅的经文，为向人们进行宣讲，又把经文和其中的动人故事编成通俗文字加以演唱，先用说白散文叙述事实，然后用歌唱（韵文）加以铺陈渲染。这种演唱佛经的形式，称“俗讲”。其文字脚本称“变文”，即改编的佛经之意。如《阿弥陀经变文》《大目乾莲冥间救母变文》等。由于俗讲的故事动人，歌唱悦耳，成为寺庙活动中极受欢迎的节目。随之产生了专业的“俗讲僧”，其中最著名的是唐代长庆年间（821 ～ 824）的俗讲僧文叙（即文溆）。11 世纪初宋真宗时代，俗讲被禁止，但这种讲唱文学方式并未因此中断，此后的鼓子词、宝卷、弹词等民间文学形式，便是从俗讲逐渐发展而成的。

变文

取材于佛教经典中富于神变的记事，加铺述改写，使其通俗生动，适合教化民众的讲唱文学作品。始于唐代各寺院的俗讲。以后泛指民间同性质的说唱文学。变文内容多取材于佛教经典或民间故事。取材自佛典的变文，内容遍及宣传教义、赞美佛陀、奖励信仰、菩萨与高僧等事迹，乃至地狱及极乐世界的描述等。内容构成大抵是叙述并发挥经典，采用通俗易懂且引人入胜的方式，在人物、背景的描写上加以润色，或巧妙地融合中国思想，兼采丰富的譬喻与寓言，文学形式采用韵文与散文交叉使用的方式。

禅宗语录

记载、辑录中国佛教禅宗六祖以后历代禅师法语的书籍。大多为禅师口语，由亲随左右的门人弟子随时笔录编集而成。凡师徒传法心要、参悟验证、方便施化，诸方学士参学所得，并互相问答、诘难、辩论、参究等，均详细记述。禅宗语录始自《六祖坛经》，之后发展成禅家的一种专门文体。宋代是禅宗语录的鼎盛时期，并创造了以拈古、颂古、评唱、击节为名的新的语录体裁。拈古、颂古主要是辑录禅师的公案附以议论，评唱、击节则是对拈古、颂古的再评述。据不完全统计，从唐至清，禅宗语录有 300 余种，主要见于各版汉文大藏经、续藏经所录史籍的记载等。

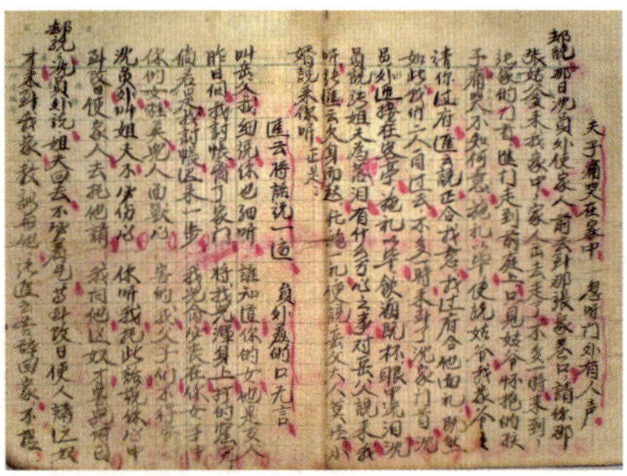

甘肃河西宝卷残本。河西宝卷是在唐代敦煌变文、俗讲及宋代说经的基础上发展而成的一种民间吟唱的俗文学。2006 年河西宝卷被批准列入中国国家级非物质文化遗产名目。

美术

佛教美术包括佛教绘画、雕刻、塑像等。古印度阿育王时代所立石柱，柱顶有狮子、象、牛、马、宝轮等雕刻，庄严华美。当时还建有许多石塔，以藏佛舍利，外绕石栏，镌刻浮雕图案。在巴雅、贝德萨、巴尔胡特、桑奇等地，早期佛教的建筑、雕刻达到很高的水平。犍陀罗佛教艺术汲取古希腊、罗马艺术精华，创造出释迦牟尼的各种形象，颇具特色。埃罗拉石窟、阿旃陀石窟的艺术一直脍炙人口，是印度引为骄傲的“艺术之宫”。以上这些佛教艺术，对亚洲各国都产生过重要的影响。中国佛教艺术，先是仿效印度，后来逐渐发展成具有中国民族风格和特色。初期在丝绸之路上，新疆的克孜尔千佛洞壁画和敦煌莫高窟北魏壁画，受印度佛教美术影响较多，但同一题材，其内容和表现方法已有所不同。梁代张僧繇的佛画，创立了“张家样”；北齐曹仲达的佛画，创立了“曹家样”。曹画的人像，衣服紧贴全身而显露曲线，他所创造

敦煌莫高窟第257窟南壁（局部），沙弥守戒自杀品部分。

的风格，后人谓之“曹衣出水”。到了隋唐时代，佛教美术已经中国化。吴道子在长安、洛阳画了300多幅佛画，人物奋袂，衣裙飞舞飘动，富有运动感，后人称为“吴带当风”。敦煌莫高窟等唐代壁画，是中国佛教美术的代表。在雕塑方面，北魏至隋唐，创造了规模巨大的石窟，以云冈、龙门的石刻为代表，具有鲜明的民族风格；敦煌与麦积山的唐代彩塑，更具中国特色。宋元以后，佛寺盛行泥塑佛像，亦为中国佛教美术所特有。藏传佛教美术，既与汉族地区佛教美术有一定的渊源关系，又受印度、尼泊尔佛教美术影响，独具风格。拉萨的布达拉宫，藏有大量佛画与金铜佛像，以及刺绣与木刻的板画佛像，都带有西藏地方特色。青海塔尔寺以各色酥油制作的酥油花，更是一种特殊佛教美术作品。

舍利

火葬后所遗存的粒状骨。相传释迦牟尼遗体火化后结成珠状物，称佛舍利。后世也指德行较高的和尚遗体火化后的遗骨。多被安置在小塔供养。佛教经典中称为舍利的有两类：一是法身舍利，指释迦牟尼所说的佛教经典；二是生身舍利，指释迦牟尼遗体火焚后结成的固体物。

犍陀罗佛教艺术

古代印度犍陀罗地区（今巴基斯坦北部及阿富汗东部一带），公元前 4 世纪成为亚历山大帝国的一部分。公元前 3 世纪阿育王曾派僧人到此传布佛教。后又归属于希腊人建立的巴克特里亚王国。2 世纪，贵霜王朝迦腻色迦在位期间，国都迁至犍陀罗地区的富楼沙城（今巴基斯坦白沙瓦）。他重视文化艺术事业，提倡佛教。犍陀罗艺术主要指贵霜时期的佛教艺术。犍陀罗艺术的主要贡献在于佛像的创造。佛教兴起后的数百年间没有佛像刻画，都是以脚印、宝座、菩提树、佛塔等象征。大约从 1 世纪开始，艺术家打破不能直接表现释迦牟尼的禁例，仿希腊神像创作大量具有希腊、罗马艺术特色的佛像作品。1 世纪末至 2 世纪中叶是犍陀罗佛像制作的成熟期，形成了熔印度、希腊风格于一炉的独具一格的犍陀罗风格。其特色是佛像面容呈椭圆形，眉目端庄，鼻梁高而长，薄唇，额部丰满，头发呈波浪形并有顶髻，表情沉静，身披希腊式大袛，衣褶多由左肩下垂，袒露右肩，佛及菩萨像有时带胡须等。以佛塔为主的建筑，基座多方形，列柱常采用希腊柱式，座侧浮雕佛传故事。3 世纪后，犍陀罗艺术逐渐向贵霜统治下的阿富汗东部发展。5 世纪时，犍陀罗本部因贵霜帝国

上图 陕西西安大雁塔地宫玄奘舍利塔

下图 中亚犍陀罗佛陀头像

的瓦解而衰微，但阿富汗的佛教艺术一直繁荣到 7 世纪，被称为后期犍陀罗艺术或“印度一阿富汗流派”，亦称巴米扬艺术。主要代表有巴米扬佛教遗迹等。中国新疆和西北其他地区的石窟造像和绘画也有犍陀罗艺术的影响。

埃罗拉石窟

古印度佛教艺术遗址。位于印度马哈拉斯特拉邦奥朗加巴德城西北 30 千米，阿旃陀石窟西南 123 千米处，是与阿旃陀齐名的石窟。共有 34 窟，自南而北散落在萨雅迪利山的斜坡之上。建于 3 ～ 13 世纪。埃罗拉石窟是三教同堂，早期主要是佛教洞窟，中期主要是印度教洞窟，晚期为耆那教石窟。正因如此，埃罗拉石窟一直是香火不断的圣地。埃罗拉石窟的主要艺术成就是雕

埃罗拉石窟外景

塑，最为壮观的是印度教神庙——盖拉什庙。工匠从山顶开始凿起，把一座山雕凿成了一座神庙，里面有层层叠叠的神像，四周山体还开凿出了走廊，是世界雕塑史上的一个奇迹。埃罗拉的佛教造像描述释迦牟尼的故事已渐少，受印度教影响的各种愤怒形佛像明显增多。

左图 阿旃陀石窟第一窟壁画：手持莲华菩萨像

中图 克孜尔千佛洞壁画

右图 阿旃陀石窟外景

阿旃陀石窟

古印度佛教艺术遗址。位于印度马哈拉斯特拉邦北部温迪亚山的悬崖上。传说始凿于公元前 2 世纪，一直延续到 7 世纪中叶。现存 30 窟（包括一未完成窟）。从东到西长 550 米，全部开凿在离地面 10 ～ 30 米不等的崖面上。除 5 窟（即第 9、10、19、26、29 窟）为供信徒礼拜的支提窟外，其余是僧房。阿旃陀以壁画艺术著称于世。现存 16 窟壁画呈现出 3 种不同风格。第 9、10 窟壁画涉及佛教的小乘形式，绘制于公元前后，以本生故事为主，多以象征性手法来表现，如法轮、莲花、小白象等。第 16、17 窟为第二期壁画，绘制于 6 世纪左右，以人像和建筑图案的配合为特色，构图富于变化，线条流畅，笔法洗炼，色彩绚丽，内容多为佛教宣

传。第 1、2 窟为第三期壁画，绘制于 7 世纪左右，世俗性题材增多，与外来的中国、波斯风格融合混杂，社会生活的各方面都有所表现，如帝王宫廷欢宴、狩猎、朝觐的场面，飞禽走兽、奇花异卉等，构图活泼，栩栩如生。唐玄奘曾在 7 世纪初到阿旃陀朝圣。随着佛教的衰落，阿旃陀石窟逐渐被人忘却，直到 1819 年被英国人重新发现。

克孜尔千佛洞

位于中国新疆维吾尔自治区拜城县东南约 60 千米的克孜尔镇。洞窟凿于明屋达格山的峭壁间，共计 236 窟。最早的洞窟建于 3 世纪末或 4 世纪初，最晚的建于 7 世纪末至 8 世纪初，大致可分为早、中、晚三期。其中形制较完整、壁画遗存较多者约占三分之一。洞窟大都属于石窟寺院，按宗教活动功能分为佛堂、讲堂、说戒堂、僧房和其他生活用房。克孜尔千佛洞古代属龟兹，处在丝绸之路的要道上，是中国迄今发现时代最早的石窟群。石窟保存着大量早期龟兹画风的壁画，是龟兹石窟艺术的代表。

敦煌莫高窟

敦煌莫高窟是甘肃省敦煌市境内的莫高窟、西千佛洞的总称，位于敦煌市东南 25 千米处，开凿在鸣沙山东麓断崖上。南北长 1600 多米，上下排列 5 层。始建于前秦苻坚建元二年（366），至元代（1271 ～ 1368）基本结束。现保留有从十六国、北魏、西魏、北周、隋、唐、五代、宋、西夏、元等 10 个朝代的洞窟 492 个，壁画 45000 多平方米，彩塑像 2415 身，飞天塑像 4000 余身。集各时期建筑、石刻、壁画、彩塑艺术为一体，是世界上规模最庞大、内容最丰富、历史最悠久的佛教艺术宝库。莫高窟壁画尤为著名，主要内容有佛经故事画、经变画和佛教史迹画，神怪画和供养人画像，还有各式各样精美的装饰图案等。1900 年在莫高窟偶然发现了“藏经洞”，洞里藏有 4 ～ 14 世纪的历代文物五六万件，是 20 世纪初考古学上的一次重大发现，震惊了世界。此后发展出著名的“敦煌学”。

云冈石窟

位于山西省大同市西郊16千米的武周山南麓。始凿于北魏兴安二年（453），大部分完成于北魏迁都洛阳之前（494），造像工程则一直延续到正光年间（520～525）。石窟依山而凿，东西绵延1000米，现存主要洞窟45个，窟龛252个，造像5.1万余尊，最大的高17米，最小的仅几厘米，多为神态各异的宗教人物形象。石窟有形制多样的仿木构建筑物，有主题突出的佛传浮雕，有精雕细刻的装饰纹样，还有栩栩如生的乐舞雕刻等。其雕刻艺术继承并发展了秦汉雕刻艺术传统，吸收和融合了佛教艺术的精华，具有独特的艺术风格，对后来隋唐艺术的发展产生了深

山西大同云冈石窟第 20 窟，
北魏释迦坐像。

远的影响。按照开凿的时间可分为早、中、晚三期，不同时期的石窟造像风格也各有特色。代表了5～6世纪时中国杰出的佛教石窟艺术。其中的昙曜五窟，布局设计严谨统一，气势磅礴，是中国佛教艺术第一个巅峰时期的经典杰作。云冈石窟形象地记录了印度及中亚佛教艺术向中国佛教艺术发展的历史轨迹，反映出佛教造像在中国逐渐世俗化、民族化的过程。多种佛教艺术造像风格在云冈石窟实现了前所未有的融会贯通，由此而形成的“云冈模式”成为中国佛教艺术发展的转折点。敦煌莫高窟、龙门石窟中的北魏时期造像均不同程度地受到云冈石窟的影响。

龙门石窟

位于河南省洛阳市南郊12.5千米处，龙门峡谷东西两崖的峭壁间。南北长约1千米。始凿于北魏孝文帝时（471～499），历经400余年建成，迄今已有1500多年历史。现存石窟1300多个，窟龛2345个，题记和碑刻3600余品，是中国石窟题记最多的一处，尤以“龙门二十品”驰名中外。佛塔50余座，佛像97000余尊。其中，宾阳中洞是北魏时期（386～534）的代表作品；奉先寺是龙门石窟中最大的一个窟，代表了唐代（618～907）石刻艺术风格；古阳洞是龙门石窟中开凿最早、内容最丰富的一座，也是北魏时期另一代表洞窟。龙门石窟还保留有大量的宗教、美术、书法、音乐、服饰、医药、建筑和中外交通等方面的实物史料。龙门石窟继承了印度石窟艺术及云冈石窟风范，并融合了同时代先进深厚的汉族历史文化，使石窟艺术呈现出了中国化、世俗化的趋势，是中国石窟艺术变革的里程碑。龙门石窟是北魏、唐代皇家贵族发愿造像最集中的地方，因而他们主持开凿的石窟规模庞大，富丽堂皇，汇集了当时石窟艺术的精华。

麦积山石窟

位于甘肃省天水市东南35千米的麦积山。窟龛开凿在山崖峭壁间，现存洞窟分布在东西两崖，今存窟龛194个，造像7200余身，壁画近1300多平方米。它开凿的年代，大部分学者认为始于后秦（384～417），北魏、西魏、北周、隋、唐、五代、宋、元、明、清历代都不断地开凿和修缮，现存实物中以北魏、西魏、北周和隋代的窟龛数目和造像最多。北魏是麦积山石窟开窟造像的最高峰，现存窟龛80余个，几乎占全部窟龛总数的二分之一。由于麦积山山体石质结构松散，不易精雕细镂，故以精美的泥塑著称于世，绝大部分泥塑彩妆，被誉为“东方雕塑陈列馆”。洞窟多修成“崖阁”，在东崖泥塑大佛头上15米高处的七佛阁，是中国典型的汉式崖阁建筑，具有很高的价值。

龙门石窟奉先寺文殊菩萨像

张僧繇及张家样

张僧繇是中国南朝梁画家，中国佛教绘画的开创者和推动者。吴郡（治今江苏苏州）人。生卒年不详。曾任武陵王国侍郎，宫廷秘书阁掌管画事，还当过右军将军、吴兴太守等职。擅长人物故事画及宗教画等。武帝崇信佛教，装饰佛寺时，多让张僧繇画壁画。其人物肖像描绘准确、生动。他将书法用笔融入绘画，手法简练，创佛教艺术中的疏体，自成样式，人称“张家样”，佛像的中国化从此有了很好的发展。

曹仲达及曹家样、曹衣出水

曹仲达，中国南北朝北齐画家。曹国（今乌兹别克斯坦撒马尔罕）人。生卒年不详。官至朝散大夫。擅画人物、肖像、佛教图像，尤精于外国佛像。他继承了魏晋以来汉族的文化传统，掌握了绣罗人物的技巧，即一种工笔重彩所应用的粗细一致、细劲有力的线条，用这种线条来画菩萨与佛像的衣饰，又带着明显的外来文化的色彩，称为“曹家样”。他所画人物以稠密的细线，表现衣服褶纹贴身，给人以薄衣贴体的美感，所以有“曹衣出水”之誉。与唐代画家吴道子的“吴带当风”画风并称画史。无作品传世，我们可从北朝的石窟造像中看到“曹家样”画法的某些特点。

吴道子（约686～760前后）及吴带当风

吴道子，中国唐代画家。后改名道玄，尊称吴生。阳翟（今河南禹州）人。幼年家境贫寒，初为民间画工，年轻时即有画名。后来做了山东兖州滋阳县尉，不久辞职。曾随张旭、贺知章学习书法，后专工画，并在寺观从事壁画创作。开元年间（713～741）被唐玄宗召入宫中，历任供奉、内教博士、宁王友。吴道子擅长佛道、神鬼、人物、山水、鸟兽、草木、台殿等各类题材，尤精于佛道、人物，长于壁画创作。据记载，他在长安、洛阳两地寺观中绘制壁画达300余堵，没有雷同。吴道子的绘画具有独特风格。他用状如兰叶或莼菜条的笔法表现人物的衣褶，线条遒劲，圆转有飘举之势，所以后人将他和南北朝时代的著名画家曹仲达相提并论，称他

敦煌莫高窟第 45 窟南壁（局部），观音变部分。

们为“曹衣出水，吴带当风”。吴道子的绘画对后世影响极大，他对山水画的变革、白描的发展也做出了贡献，被人们尊为“画圣”，被民间画工尊为祖师。

布达拉宫

中国西藏著名佛教建筑。位于西藏自治区拉萨市玛布日山上。布达拉为梵文普陀罗的音译，寓意圣地普陀山。7 世纪时，唐文成公主与吐蕃松赞干布联姻，松赞干布为公主营建宫室，始建布达拉宫，后毁于雷火、战乱。17 世纪中叶，五世达赖喇嘛决定在山上重建宫殿。1645 年动工，1693 年落成，工程历时近 50 年。以后历世达赖喇嘛继续扩建，十三世达赖喇嘛进行了大规模的修建和增建，形成今日的规模。布达拉宫是历世达赖喇嘛摄政、居住和办理政务的地方，是藏族古建筑艺术的精华。占地总面积 36 万多平方米。东西长 360 多米，高 117 米，外观 13 层（实为 9 层），建筑面积 10 余万平方米。红宫居中，东连白宫，西接僧舍（扎厦）。主体建筑的东西两侧向下延伸与高大的宫城城墙相连接。围墙内、山坡前有历代建造的布达拉宫附属建筑，如藏军司令部、印经院、监狱、仓库等，风格与主体宫殿谐调一致。在山背后有布达拉宫的后园龙王潭。白宫是达赖喇嘛理政和生活起居的宫殿，红宫主要建筑是供奉历代达赖喇嘛的灵塔殿和各类佛堂。布达拉宫现存最古的建筑是法王洞，洞内供着松赞干布、文成公主、尼泊尔尺尊公主等人的塑像。布达拉宫珍藏有丰富的历史文物，存有近万幅唐卡（卷轴画）和大量经卷，包括贝叶经、《甘珠尔经》等，还有明代以来各种封敕达赖喇嘛的金册、玉册、金印等。

塔尔寺

中国藏传佛教格鲁派在甘肃、青海一带最大的寺院。全名衮本绛巴林。位于青海湟中县宗喀巴出生地鲁沙尔镇。明嘉靖三十九年

左图 张僧繇《十八宿神形图卷》(局部)

中图 甘肃敦煌莫高窟 103 窟壁画《维摩诘图》(局部)。这幅壁画是绘维摩称病在家，佛祖派遣文殊师利等弟子去看他，席间维摩宣扬大乘教义的场面。旧传为吴道子所作。

右图 《五世达赖喇嘛觐见顺治帝图》，西藏拉萨布达拉宫殿堂壁画。1652 年正月，达赖五世从西藏出发，赴京觐见顺治皇帝。画中顺治帝坐在宝座上，达赖五世坐在他的身旁，双手合掌，两人在交谈。

(1560) 开始修建，万历五年 (1577) 落成。此后至清代又陆续增修扩建。是中国西北地区佛教活动的中心，也是中国汉藏合璧建筑群的范例。全寺以纪念宗喀巴的菩提塔和菩提塔殿为中心，主要建筑依山傍塬，有大金瓦寺、大经堂、弥勒殿、九间殿、花寺、小金瓦寺、如意宝塔等 9300 余间 (座)，占地面积 45 万平方米。大经堂是全寺最高权力机构所在。寺内有四大札仓 (经学院)，即显宗学院、密宗学院、时轮学院和医学院。全寺每年农历正月、四月、六月、九月间举行四大法会。正月十五的大法会，以酥油花、壁画、堆绣等艺术品表现宗教传说及神话故事，被誉为塔尔寺“三绝”。寺内还收藏有大量鎏金铜佛像、铜佛像、金银灯、金书藏经、木刻板藏经、法器、灵首塔、御赐匾额、壁画、堆绣等文物。

音乐

佛教音乐有梵呗、佛曲等形式。梵呗亦叫赞呗，是以短偈形式赞颂佛、菩萨之颂歌，起源于古印度。相传三国魏陈思王曹植曾作梵呗六契（章），即后世所传《鱼山梵》。梵呗主要用于讲经仪式、六时行道（后世形成为朝暮课诵）和道场忏法等，谓之“三启式”。隋唐前流行的梵呗有《如来呗》《云何呗》等。近世禅林流行的梵呗尚有“四大祝延”“八大赞”等，但已通称为唱念。佛曲，即将佛经配上乐谱进行讽咏。相传7世纪时，即有在今缅甸境内的骠国送给中国佛曲10种，并派来乐工32人。至唐代，佛曲已相当普遍。当时每唱佛曲，常配以笙笛。今只用点板，配以铛、铪等敲唱。在敦煌杂曲中还保留有一部分佛曲作品。佛教的古音乐对日本“雅乐”的韵律也有重要影响。

六时行道（朝暮课诵）

课诵是寺院每日必不可少的修行仪式活动。由于僧人在念诵时能够获得功德，所以课诵又称为“功课”。寺院课诵在时间上有朝暮课诵的习尚，故而僧人也习惯于称课诵为“二课”“二时功课”或“早晚课”。课诵的主要内容是念诵经文。现代中国所行的方式与内容，大约自宋代开始逐渐演变而成。一般而言，朝暮课诵时所读诵的主要有《楞严咒》《十小咒》《心经》《赞佛偈》《十愿王》《三皈依》《善女天咒》《韦驮赞》《普门品》《阿弥陀经》等。

道场忏法

道场指佛成圣道之处，或得道之行法，或供养佛之处。忏法是悔除所犯罪过以便积极修行的一种宗教仪式。

《如来呗》

赞咏如来妙色身的偈。妙色身为密教施饿鬼法时所供奉的五如来之一。“色”乃现象、形、形态等义，而非色彩之色。

《云何呗》

密教所用梵呗之一。即于四句一偈之首，冠上“云何”二字，附音调而讽咏之。中国唐代道世所著《诸经要集》卷四呗赞部中已载录此偈。

四大祝延

近世佛教所流行的梵呗。“祝延”本为吉庆词语，意思是消灾吉祥、祝福延寿，后来以此命为梵呗名称。仅有四首词曲，世称“四大祝延”，即《唵嘛呢叭咪吽》《唵捺摩巴葛瓦帝》《唵阿穆伽》《皇帝万岁万万岁》。

八大赞

近世佛教所流行的梵呗。由八句赞词构成，多于诵经之后法事中间唱。有药师赞、浴佛赞、佛宝赞、沐浴偈、阿弥陀佛赞、观音赞、法宝赞、僧宝赞等。

建筑

佛教建筑主要为佛教寺塔。古印度有名寺塔不少，如著名的菩提伽耶、那烂陀遗址，规模极为宏大。东南亚诸国均有同类建筑。柬埔寨的吴哥寺窟、缅甸的仰光大金塔、印度尼西亚的婆罗浮屠、阿富汗的巴米扬崖壁大佛像，都是闻名于世界的佛教建筑。中国佛教建筑是随着佛教的传入而发展起来的。最古老的佛教建筑为石窟寺，系根据古印度佛教造型艺术，结合中国传统的形式建造的。中国的佛教石窟为数甚多，其中敦煌、云冈、龙门尤为著名。中国佛塔的建筑，起源甚早，现存的上海龙华寺塔和苏州报恩寺塔，相传都是三国时代创建而经后人重修的。原来印度的佛塔是覆钵状的圆坟形，上饰竿和伞，后发展成相轮（在塔顶竖一根金属刹，用七重或九重铁环套在刹身）。传入中国后，结合中国的民族形式，大都建成可供人凭眺的楼阁式建筑。现存的塔可分二类：一是印度式的，但也带有中国特色；二是中国式的，主要采取中国原

《前藏佛寺图》，布画唐卡。这幅画描绘了拉萨和山南一带的主要佛教胜地。画面中有布达拉宫、大昭寺、桑耶寺、甘丹寺、色拉寺、哲蚌寺等十余座寺院。

有楼阁形式，平面正方形和八角形居多，一般为七至九层。结构有木塔、砖塔、砖木塔、石塔、铜塔、铁塔和琉璃砖塔等。西藏的佛寺建筑，与汉族地区略有不同。一般都有庞大的建筑群。所有建筑体现了藏族古建筑艺术的鲜明特色和汉藏文化融合的风格。北京的雍和宫、拉萨的布达拉宫、承德的外八庙等是这种建筑的典型。日本的东本愿寺、韩国的佛国寺都采用木结构的殿堂形式，雄伟壮丽，是世界知名的古刹。

菩提伽耶

古印度佛教遗址。传为释迦牟尼得道成佛处。又称菩提道场、佛陀伽耶。在今印度比哈尔邦伽耶城南约 10 千米处。主要的建筑物有高约 50 米的大菩提寺，传说由阿育王创建，后代屡加重建或扩建。寺西侧是著名的大菩提树，树下有一金刚座，相传释迦牟尼就是在这里的金刚座上成佛的。周围有中国汉地及西藏地区，日本、缅甸、泰国、斯里兰卡等国佛教组织和僧人修建的寺院。附近有村女善生供奉乳粥遗址和释迦牟尼留影窟遗址。

婆罗浮屠

印度尼西亚著名佛塔。是现今世界上最大的佛塔遗迹。位于爪哇岛日惹市西北 30 千米处。建于 8 ～ 9 世纪。婆罗浮屠建在一座顶部被夷平的小山丘上，是一座庞大的阶梯式锥形实心建筑。现有高度 31.5 米，塔基为正方形，边长各 123 米，其上筑有 5 层方坛和 3 层圆坛，顶部冠以一座吊钟形大窣堵波，连同底层，共有 10 层。据考证，此塔全名为“布弥善帕罗布陀罗”，意为“菩萨修行十地山”，象征菩萨修行成佛陀必须经历的 10 个阶位或十界。根据不同的建筑形式及塔基和回廊壁面的浮雕，此 10 层又可划分为欲界、形界、无形界和出世间四部分，象征佛教徒一生须经历的四大过程。塔基之上的四层方坛回廊壁上雕有取材于大乘经典的 2000 多面浮雕。共有 432 尊佛像。整个佛塔规制博大精深，像一部形象化的佛教知识大全。此塔的另一精神意蕴是祖先崇拜。按照当时人的观念，阶梯式锥形建筑，是祖先住所的象征。15 世纪当地居民改信伊斯兰教，婆罗浮屠香火日渐衰竭。后因火山爆发而遭埋没，直到 19 世纪初才被重新发现。后得到修复，1991 年被列入联合国教科文组织的世界遗产名录。

上图　菩提伽耶正觉佛塔

下图　婆罗浮屠

巴米扬大佛

阿富汗巴米扬省境内的两尊具珍贵意义的立佛像。5～6世纪时在巴米扬谷的一处山崖凿成。位于首都喀布尔西北约230千米、海拔2500米处，是希腊式佛教艺术的一个经典作品。佛像主体自沙岩山崖凿成。两尊巨大立佛像分别高55米、37米，是世界上最大的雕刻立佛像。寺院的僧侣住在凿于巴米扬山崖的小山洞内，过着苦行僧式的生活，有些僧侣在其居住的山洞内加添宗教雕像及精美、色彩鲜艳的壁画。2001年，塔利班政权不理会联合国教科文组织及外国非政府组织的反对，颁令说那些雕像是崇拜偶像，以炸药及坦克炮火摧毁了它们。

龙华寺

中国佛教寺院。位于上海市南郊。相传吴主孙权为祀奉佛舍利而建寺塔，并赐名“龙华寺”。但据宋、元地方志书记述，此寺是五代十国时张仁泰请钱忠懿王创建的。龙华寺是天台宗十刹之一。此寺曾多次毁于战火，经历代重修，规模犹在。现存寺宇为清光绪年间（1875～1908）重建。龙华寺塔是上海唯一的佛塔，建于宋太平兴国二年（977）。

报恩寺

中国佛教寺院。位于江苏苏州城内。始建于三国吴赤乌年间（238～250），号称“吴中第一古刹”。相传是孙权为报母恩所建，因而得名。寺内的标志建筑北寺塔，始建于南朝梁代，后毁，今塔重建于南宋绍兴年间（1131～1162），是中国最高大的砖木结构楼阁式古塔，有江南第一塔之誉。塔为九级八面砖木结构楼阁式，高76米，塔身结构由外壁、回廊、内壁和塔心室组成。

苏州报恩寺塔

雍和宫

北京现存最大的藏传佛教寺院。又称无量宫或雍寺，藏文作“甘丹金恰灵”，意为吉祥威严宫。建于清康熙三十三年（1694），原为清世宗胤禛即位前的府邸。雍正三年（1725）命名雍和宫。雍正十三年停放世宗灵柩，以后在永佑殿（后改名神御殿）供奉其画像，雍和宫遂成清帝供奉祖先的影（画像）堂。乾隆九年（1744）改为喇嘛庙，成为清政府管理藏传佛教事务的中心。雍和宫建筑布局完整，巍峨壮观，具有汉、满、蒙古、藏民族特色。以金、银、铜、铁、锡制作的五百罗汉山和金丝楠木的木雕佛龛及 26 米（露出地面 18 米）高的旃檀木雕弥勒像，被誉为“雍和宫三绝”。法轮殿内的宗喀巴铜像也很珍贵。天王殿后有一乾隆帝御制碑《喇嘛说》，碑文着重叙述和考证了“喇嘛”一词的来源及藏传佛教的渊源，是研究清代藏传佛教的重要资料。宫内还珍藏许多藏文经典及各种史书。

外八庙

河北承德避暑山庄东北部 8 座藏传佛教寺庙的总称。清康熙五十二年（1713）至乾隆四十五年（1780）陆续建成。当时，北京、承德共有40座直属理藩院的庙宇，京城32座，承德8座。因承德地处北京和长城以外，故承德的 8 座寺庙称外八庙。包括溥仁寺、溥善寺（现已不存）、普宁寺、安远庙、普陀宗乘之庙、殊像寺、须弥福寿之庙、广缘寺。清代设总理堪布管辖八庙，堪布住普宁寺东札仓。其他各庙住达喇嘛或副达喇嘛。乾隆时，八庙共有僧侣 2000 名左右。除上述 8 座寺庙外，尚有附属于普宁寺的普佑寺及不住僧侣、驻扎绿营汉军八旗以守护山庄和寺庙的

伏虎寺建筑群总平面图

普乐寺、广安寺、罗汉堂等 4 座寺庙，合共 12 座，在清代也泛称外八庙。外八庙建筑雄伟壮观，融合汉、藏、蒙古民族建筑艺术于一体，其中雕刻、塑像、壁画皆为清代艺术精品。须弥福寿之庙是乾隆四十五年为接待六世班禅来京朝觐祝寿而修建的，庙内建筑豪华，文物资料丰富，记载清朝历史上重大事件的《平定准噶尔勒铭伊犁之碑》和《土尔扈特归顺记》等都存于庙内。清代康熙、乾隆、嘉庆帝等经常在此接待蒙古、青海和西藏的王公贵族和高僧。

东本愿寺

日本佛教寺院。1602 年，在德川家康将军的命令下，于本愿寺（西本愿寺）的东面，建东本愿寺，扶持净土宗的另一派门徒，以分化本愿寺的实力。今天的东本愿寺在江户时代曾遭大火，于明治年间重建，其正门“大师堂门”被称为京都三大门之一，寺院内的御影堂是世界最大级的木结构建筑物之一。

佛国寺

韩国著名佛教寺院。坐落在韩国庆尚北道东南的吐含山山腰处，离庆州约 10 千米。始建于新罗法兴王二十二年（535），751 年新罗景德王时期国相金大成重建，后毁于战火，只有石造建筑物得获保全。1604 年左右开始重建，至 1805 年经过了 40 多次的局部保修，但此后又有许多建筑被破坏、偷盗。现寺院规模只有原来的十分之一。佛国寺的石造古迹都是用花岗岩建造，其形态、建筑方法均为当时土木建筑技术的精髓，是韩国石造艺术的宝库，被誉为韩国最精美的佛寺。

佛宫寺释迦塔剖面

图书在版编目（CIP）数据

佛教 / 赵朴初著. — 北京：中国大百科全书出版社，2012.12

（中国大百科全书. 名家文库）

ISBN 978-7-5000-9063-2

Ⅰ. ①佛… Ⅱ. ①赵… Ⅲ. ①佛教－通俗读物 Ⅳ. ①B94-49

中国版本图书馆CIP数据核字（2012）第295639号

总 策 划 龚 莉
策划编辑 邬四娟
责任编辑 邬四娟
责任印制 李宝丰
图片来源 中国大百科全书出版社图片中心
FOTOE 敦煌研究院
封面设计 天下书装
出版发行 中国大百科全书出版社
地　　址 北京市阜成门北大街17号 **邮政编码** 100037
电　　话 010-88390969
网　　址 http://www.ecph.com.cn
印　　刷 北京市白帆印务有限公司
开　　本 710毫米×1000毫米 1/16
印　　张 9
字　　数 90千字
印　　次 2013年1月第1版 2025年12月第8次印刷
书　　号 ISBN 978-7-5000-9063-2
定　　价 60.00元